宁高宁管理笔记

五步组合论

Ⅰ

选经理人

宁高宁 ◎ 著

企业管理出版社
ENTERPRISE MANAGEMENT PUBLISHING HOUSE

图书在版编目（CIP）数据

五步组合论. 选经理人 / 宁高宁著. —北京：企业管理出版社，2023.3
（宁高宁管理笔记）
ISBN 978-7-5164-2768-2

Ⅰ. ①五… Ⅱ. ①宁… Ⅲ. ①企业管理—文集 Ⅳ. ① F272-53

中国版本图书馆 CIP 数据核字（2022）第 238535 号

书　　名：五步组合论：选经理人
书　　号：ISBN 978-7-5164-2768-2
作　　者：宁高宁
责任编辑：徐金凤　张艾佳
出版发行：企业管理出版社
经　　销：新华书店
地　　址：北京市海淀区紫竹院南路 17 号　**邮　　编**：100048
网　　址：http://www.emph.cn　**电子信箱**：emph001 @163.com
电　　话：编辑部（010）68701638　发行部（010）68701816
印　　刷：北京联兴盛业印刷股份有限公司
版　　次：2023 年 3 月第 1 版
印　　次：2024 年 1 月第 4 次印刷
开　　本：710mm × 1000mm　1/16
印　　张：13.75 印张
字　　数：191 千字
定　　价：50.00 元

自序

PREFACE

因为我领导过四家世界500强企业，中国华润（集团）有限公司、中粮集团有限公司、中国中化集团有限公司和中国化工集团有限公司及后来两家整合的中国中化控股有限责任公司，这样我也被善意地贴上了一个执掌过四家世界500强企业的标签。我粗略查了一下，全球企业界这样的人还真不多，所以我听了这称呼也很高兴。就好像比赛中的游泳运动员，本来只顾着低头划水，没想到抬起头来一看有人鼓掌，当然有点乐滋滋的。虽然我高兴，但我也不想以此事误导大家，因为这个世界500强本来就是个杂志的统计，不是个很严谨的评价，而且排名依据是销售额，并不能说明企业真正的水平，所以不应奉为成功的标准。另外，我任职的几家企业都是国有企业，我的职务也是组织上任命的，与国际上的500强企业不同，这一点我们应该很清楚。也就是说，中国人里如果组织任命的话能领导几家世界500强企业的人肯定不止我一个，还有很多。

但我也不能太谦虚，毕竟我参与过的几家企业都发展了，战略上有转型有升级，市场竞争力上有增强，营利能力也提高了，而且现在还在持续进步，我当时和团队尽心尽力工作也算是有成绩。热心的媒体不仅广泛报道这个现象，还分析其原因。有的说宁高宁善于搞并购整合，有的说宁高宁有企业家精神敢于冒险，也有的说宁高宁运气好，还有人说他们家三兄弟都挺好是因为家里教育好。这些说法可能都有些道理，但是都不会是最终答案。其实我也不知道答案是什么，如果再来一次我也不知道还能不能做好。因为这件事是一个雾里行走摸索前行的过程，没有包打天下的简单答案。现在常有人问我，如果让你用一句话来总结自己怎么说？我说就是好好干，其他总结不了。因为它是一个过程，所以想探究原因就要了解这个过程。如果说我经历过几家世界500强企业的发展是件有意思的事，如果说我在这几家企业的发展中起了些作用，如果今天回头看想找出点道理来，那么现在集合起来的这套"宁高宁管理笔记"之《五步组合论》就是记录当时过程的原始的文字。这些文字并没有修饰过，也很不完整，只是记录了一些片段，更不是经验介绍，它有很多初级的、幼稚的、粗糙的观点，但它是一个过程，加起来30多年的过程，从中可感受到当时的情景。我自己再回头翻看时还能感受到当时的气息、味道，特别是错误。我相信读者看的时候也会有类似的感觉。看一个人要看他的成长过程，看一家企业也要看他的成长过程，特别是当你看到在这个过程中他一会儿天真幼稚，一会儿跌跌撞撞，可他还是顽强地跑了很远，这个过程就能带来些启发。

在这个过程的背后，并不一定引人注意的特点有两个，我想单独说一下。

一是这些企业的团队学习能力。因为中国现在的企业大都成立在改革开放之后，他们产生的背景并不是成熟的市场，但他们出生后立刻要面对的就是市场化甚至国际化的竞争和规则。他们就像基础不好的插班生，必须努力学习赶上。所以对中国企业来讲，能不能有意识地、主动地、不断地学习进化，是让他们拉开距离的主要原因。从这本书里记录的这些事情看，我经历的这几家企业，都有一个特点，他们都有学习反思、自我完善的能力，他们像虔诚的小学生一样不断学习，是学习型的团队。我们讲过学习型组织，甚至学习型国家，这里的学习并不仅仅是指喜欢读书学习，其所代表的是不断认识新的变化、不断探索、不断思考并与实践相结合的能力。为什么他们的投资失误相对较少？为什么面临困难的企业可以转型成功？为什么小业务可以持续发展直到建立行业领导地位？为什么他们内部的思想相对比较统一？这些都与学习型团队有关。这也就是整个组织的认知、学习、思考、实践并不断完善及在此基础之上的创造的能力。华润和中粮多年前就有这么个说法——我们的企业就是一所大学，不同的是我们有个即时的实验场来检验。这里的实践者也是学习者、思考者。我现在还记得当时开那些几天几夜不停的团队学习会议，想起来都是令人无限怀念和感慨的时光。

二是不断反思总结规律。企业管理虽然没有统一不变的全能方法，但有一定的规律，规律就是我们在试验过多种方法后梳理出来的要遵循的原则。相对于其他学科，企业管理成为专门学科较晚，而且在不同的社会文化和经济环境下，企业管理原则应该有不同的变化。中国的企业管理学科借用西方较多，许多重要的理论框架无论是战略还是市场都是从西方引进过来的，虽然它们也是西方多年商业实践的结晶，但与中国企业的实际不完全吻合。其实，受了西方企业管理教育的中国企业管理者也在不断地与水土不服斗争。如企业中关于团队的组织发展，战略的多元化与专业化，中国企业的并购整合及国际化，市场营销中对消费者的认知，中国都有很强的独特性，其规律要在实践中摸索总结。在我任职的这几家企业中，在实践中不断寻求探索规律和方法并形成共识来指导企业的发展也是其重要特点。由此才有了你会在书中看到的五步组合论、6S 管理、价值管理四要素、战略十步法、经理人标准等基于企业实际提炼出来的工作方法，以及华润形成的对多元化企业管理的方法，中粮对全产业链的管理方法，中化集团基于科学至上理念的重组转型和协同管理的方法。

这本书的时间跨度可能有 30 年，其内容大都是与团队讨论总结出来的，是一个思考的过程，是原创。这也是一个实战的过程，这些理念方法都被广泛使用过，充满激情地实践过，并且在过程中不断修正完善。今天回头看，这些实践都被市场和时间检验过，也是相对成功的，这是其珍贵之处。

2023 年 1 月 26 日于上海

目录 CONTENTS

总 论

第一步 选经理人

总论

企业是个有机的生命体。它的每一个局部功能之间都存在密切的联系。战略与业绩评价什么关系？财务与人力资源什么关系？经营成本与企业股权架构有关系吗？我们容易把它们看成是孤立的、分割的。五步组合论不仅要把企业管理的每个环节、每个要素说清楚，更重要的是要把它们互相之间的逻辑关系说清楚。

组合论和系统思考的萌芽

(一)

要做的事多了就很想把它简化，比如管理一家企业或任何一种组织，事情头绪很多，于是大家就想把它简化，想用一句话来概括管理的真谛。有人说企业管理的核心在于管人；有人说企业管理的命脉是财务；也有人说没有好的企业文化，企业不可能管好。可是这些话说了很多年，大家并没有从中得到什么确切答案，企业管好了不是因为其中的一句话，企业没管好也不是因为不懂其中的某句话。其实，在我们脱口说出企业管理的简单定义时，并没有意识到我们在使用一些很模糊、很害人的概念。比如企业文化，专家讲它可以有 160 多个定义，如果我们没有把它搞明白就来讲企业文化，就可能会产生误导，更不会对所谓优良企业文化的建立产生帮助。

谈到如何管理一家企业，有人可能会认为存在一种最好的方法，其实这种方法根本没有，机械地套用任何别人成功的方法都是危险的，企业的地域、社会、人文、政治等环境的不同、时间的不同，都会产生不同的管理方式。而我们能从别处学来的不过是一些大的原则，如何有效、灵活地运用则是由自身的能力决定的。我觉得管理的艺术在于许多因素的不同组合和协调，而每个因素都是变量，它的组合排列也是变量，这样就构成了几乎是无数个排列组合。管理在于如何调适这些组合，而不是奢望找到一种最佳的、一成不变的永久组合。

企业在不同的成长阶段，适用的管理方法也不同；管理者及员工的素质不同也会形成不同的管理方法；企业处在不同的问题和困难面前，管理的重点也各有不同。这么多种的组合我认为有其内在的平衡关系，明显侧重于某一方面，管理就会形成较明显的风格。我们自身的企业，就有许多不同管理风格的组合，在我们摸索管理真谛的时候，把我们实践过的管理方法系统总结一下，回顾我们走过的轨迹，把这些不同的方法组合起来，可能会是我们下一步改进管理水平的基础。

我想在今后 10 期《华润》上，把我想到的许多种管理的不同方面讨论一下，每一种方法和风格自身无所谓对错，但其不同的侧重和组合则会形成不同的管理方法，也会产生不同的管理效果。英国管理学家查尔斯·汉迪（Charles Handy）说，希腊人至少承认不同的上帝，管理学至少也应承认不同的方法。最近通用电气的杰克·韦尔奇（Jack Welch）说，通用电气没有统一的中国战略，只有医疗仪器战略、化学产品战略。其实道理是一样的，讲的是管理的核心是适应不同的形势和变化，而不是死板的，是多种不同的方面的组合，而不是单一的。这些组合今后如何变化谁也说不清楚，这是管理学永远要探讨下去的内容。

把管理的不同方面和方法列出来的好处是可以找到自身在其中的位置，也可以较有目的地去理解其他企业的管理，而最终可以较自如地运用这些不同因素、不同风格的组合来达到管好企业的目的。

（二）

早上起床，你去公司，坐下来，有人找你——客户找你、同事找你、下属或领导找你，你用你的直觉（Common Sense）一一应对，你很忙，也很努力。可如果一旦今天没有人找你，你会很闲，不知道做什么。你在许多人的相互推动中被动地起作用，目标、计划、原则都不强。我觉得这样工作的人不少，无论是哪一个层次的经理都有，这也是我想说的管理方法的第一种，叫随意法，或者叫被动法。

其实，我们每个人都在有意与随意中生活，如果一定要划清什么是最好也难。不过从管理角度来讲，目前我们看到的随意管理方式大都是很初级的无意随意管理，而不是大修炼后的升华境界。像通用电气在金融服务业几乎是任意地扩展及无预算管理，像大牌分析员写的散文式的研究报告，它的随意是在大秩序的建立之后，是“老人”的随意，不是“小孩”的随意。而我们目前看到的许多公司，由于业务的变化、人的变化，形成了从大目标到小管理的随意化，而且加上判断及决策的直觉化，也就是说用你自己一般的生活经验和优劣标准来分析任何一项业务，这就使随意管理有很大缺陷。随意管理在其初级形式上的特点：一是亲情，以我是否喜欢对方来决定这件事是否要做；二是情绪，看我心情如何，这件事是否符合我的爱好，是否时尚；三是短期，随意管理并不是不追求经济利益，它是一种不自醒的追求，随意化的口头语是什么赚钱干什么，所以它的目标通常是短期的、模糊的，别人都利用你来达到他的目标，你总是被动的，你的所谓赚钱目标通常难达到；四是不学习、不进步、不分析也不接受外部变化，这个世界怎样在变，所处的行业怎样在变，你并不关心，你的观察方法和知识架构已形成了，很难改变。说了这么多随意化的不好，听起来他们是坏人，其实不是。这不过是一种特点，我们每个人都或多或少有随意工作的倾向，因为它较轻松，轻松是人们都喜欢的，而关键看这种方法在你的管理组合中占了多大比例，你是哪个层次上的随意法。

确定战略方向、明确主营业务，最近又有人更进一步提出净化主营业务、制订预算、分清经理的责任，这些都是避免随意管理的方法。一项投资建议，如果放在初级的随意管理，要先看可行性报告是怎样分析的，多少年回收，可能会受到什么推荐的影响；而如果放在很成熟的投资公司（这种公司全世界不多见），可能会看行业前景、经济前景、规模及市场再交易的流通性等；而在我们由随意管理慢慢向有意管理进步的过程中，可能就要看这是否是我们的主业，是否符合战略定位，管理能力是否跟得上去，未来发展的竞争地位如何，自身的财务能力如何等。日常的业务，在慢慢走出随意管理后，也会有较清晰的目标，包括预算目标、客户基础、营销方案、市场占有等。这时的公司会相对较主动，我卖这样东西并不是因为你偶然找我想买，而是我有建立卖这样东西的营销网的计划；我来这里投资不是因为你的邀请，而是我有进入这个行业并占据某种地位的计划；我请你来工作，不是因为你来找工作或什么人介绍你来工作，而是因为我需要你这样的人来工作；去银行借钱、在证券市场发股票，不是因为别人来建议我这样做，而是因为我有这样做的需要和时机。主动的和被动的做法在这里产生极大的不同，特别是几年或更长时间后来看，公司会有完全不同的业务和资产。

随意管理一半来自公司整体水平不高、规模不大的地区，也由于没有充足的、接受过专业训练的经理，它是公司发展的一个阶段。大多数业绩不好甚至破产的企业，大都是因为其管理的组合成分中随意的部分太大，时间太长、太多人随意，这样就会出问题。要想经过一个艰苦的系统管理过程，达到高境界的随意管理，我们的距离有点远。

（三）

上次在西北遇到万通集团的冯仑先生，他提到一个企业的均好性问题，也就是一个企业在其管理的各方面平均都好的程度。我想这也是一个企业管理的完整性的问题。企业中过于强调了某一方面，比如在管理水平和资金水平不适应的情况下，过速的发展或者多元化的企业可能在其战略发展的进取性上是正确的，但因为忽视了企业管理的完整性，企业就出了问题。这次再接着说组合论，我想说完整性企业管理的一个方面（但我不敢过分强调它的重要）：财务管理。

企业从随意管理，到有意管理，第一步的觉醒是财务管理。到今天仍有很多企业把管理的主要精力放在财务，财务管理先导型或主导型的企业形成了企业开始探寻有效管理的起点，财务部门在大多数公司变得很重要。说到财务管理通常先说会计，说会计先说成本，说成本先说工资、奖金、水电等，这些相对很直观，像自己家过日子。成本概念的确立是企业管理中很大的进步，虽然它自身并不能保证企业的成功。管理会计的另一个同义的名字叫成本会计，当一个企业，特别是生产性企业引入整体的成本概念后，成本就变成了竞争中取胜的必要条件。财务部门在控制成本中通常扮演一个重要的角色，但很多时候是事后的、被动的角色。如果把财务管理中的成本管理功能孤立起来，它很容易产生整体活动中的矛盾，但如果放在企业管理完整性上来看，它就是很积极的因素。

财务管理中时间花费较多的是通过财务数据来管理日常的经营，就像集团今天实行的6S管理体系，虽然其原意和组成上并不是一个单一的财务概念，但实际上其中的财务成分最大，这也说明了我们目前管理的阶段性。通过财务手段来管企业是很直接、很有效的方法，通过财务的环节来控制资金、来检验经营效果，是管理上最惯用的方法，但这不是企业管理的全部，单纯或片面依赖管财务来管企业难以适应不断变化的经营环境。财务管理是一个基础，在基础上求进步，看谁进步得快，看财务管理如何在企业管理的完整体系中起作用。

以财务管理中的公司内部资源分配来配合战略发展计划进行财务结构管理，许多公司少有关注，但它却是对企业的生存和发展起到很重要作用的方面。财务资源的分配原则通常应该是明确的、稳定的，但企业在资源分配的时候可能要将战略发展原则作为前提，有时与财务分配原则不一定是一致的。长期的战略发展目标可能会牺牲短期的财务目标，但持续性的短期目标落空又会使长远计划不能实现，其中的平衡更是企业管理完整性的难点所在。如果单说不赚钱的投资不干，这没有错；如果单说企业在发展初期要占领市场，短期的亏损是必要的，也没有错。问题是这两者如何在实践上统一起来。财务结构的管理可能是很隐性的东西，大多数人在日常业务中并不去注意它，就像身体的疾病，不到发作的时候你不去注意它，可财务结构的管理在商业社会的运作中会受到外界大环境的影响，企业最终的成败会在财务结构上表现出来，会使企业在商业环境中失去地位或增强地位，发展与否、运作健康与否都会表现在财务结构上。财务管理在这里是完整性管理的重要一环，是组合论中的重要组合。

管成本、管经营、管发展都是财务管理的功能，但要与管理组合中其他元素协同在一起才能发挥作用。

(四)

因为想入股深圳万科，与万科的同事谈到万科今后的方向。我说在万科发展的现阶段，资本或企业规模会取代细节而变为公司进步的主要动力。没想到这句话引来一些批评，大家说企业中细节的管理永远是重要的，企业的进步主要应靠精益求精的细节管理。这两种不同观点也正是我在组合论中想要说的思维方法。企业管理是多种因素的组合（目前这些因素还没有人能穷尽它），不可以过于强调一方面而忽视其他，资本规模和管理细节一直是企业中两个重要的方面，但在企业发展的不同阶段，面对不同的竞争环境，它们两者的重要性，特别是对企业中不同职务的人会有不同的意义。我说资本会取代细节的意思是讲在万科发展的现阶段上，资本和规模对公司发展的推动力及空间要大过对日常细节的管理，虽然细节管理也是不能缺少的。其实在公司发展的不同阶段上，不同的因素都曾是公司发展的主动力，像新产品推出时的市场拓展，R & D（Research and Development，研究与开发）大量投入后的新技术产生，新机制运行后的管理体系进步等，都会是企业发展的主要动力。企业领导人的责任就是认识到这些主要动力产生的环境和时机，并充分发掘它的潜力来推动企业的进步。

万科在国内住宅业成功的原因之一是它较早地认识到了人与居住环境的关系。万科很早知道去种树种草、去研究户型、去搞物业管理，这在当时可以说是战略，现在可能就已变成了细节。细节就是这个市场上要求你必须做，而大家在比谁做得更好的事，万科的品牌由此而生。早前许多地产发展商还在卖烂尾楼，万科的战略好、细节也好，就一定会胜出。可一旦大多数地产发展商都在做同样事情的时候，作为国内的主要地产发展商之一，就需要在战略上快人一步，在更大的环境下建立市场地位，这就要求资本和规模。地产的核心是地，地的核心是位置，位置的核心是城市的规划，地产商如果不能对城市规划深入认识并介入其中，与政府一起来达到改善居住环境的目的，它的市场地位就建立不起来。要做到这一点，资本和规模就是必要的。在大部分的售楼处都变成彩色并铺了红地毯的时候（这都是要做的，而且还要做得更好），资本及规模的战略定位考虑会使自身与竞争对手拉开距离，带来发展的新动力。

华润集团也是一样，它过往的独家代理身份使它得到了发展，外贸体制改革后的多元化投资也提供了发展动力，而后的调整巩固及着重企业管理水平的提高也是重要的发展阶段，现在的架构重组、机制改革及在主业清晰基础上的发展都会在战略管理的层次上给企业健康发展带来动力，而同时它也要与很多艰苦的细节工作相配合。

在上海淮海路看过 ESPRIT 的一家店，是年初三，客人很多，店里给人的感觉也很温暖。隔壁是 Lane Crawford，大名牌林立，客人不多，店里让人觉得很冷。从战略定位来讲，我想 ESPRIT 的定位在目前中国市场上看来是好过一些更大的牌子。ESPRIT 的细节做得也不错，笑容很真，很舒服（他们并不认识我）。大名牌的店细节都不错，但因为定位的客户群不同，生意就完全不同，战略定位和细节是否配合在这里看得很明显。

组合论就是既要谈战略，又要谈细节，企业的战略可能会有较多的转变，细节却是永久的。以后我们还会谈企业的发展规模、资本架构、行业定位、地域定位、市场定位，试图在企业战略上不断地给企业带来发展动力，但与此相适应的执行和细节管理不能缺少，只不过它们在不同时期有不同的重要性罢了。有些企业是借助战略布局发展起来的，在一段时间里细节注意得不多，像香港的 PCCW（电讯盈科），但华润不是。华润的业务要求它是一个既要求战略又要求细节的公司，但愿我们能把这两者处理好。

（五）

在天津看到过一座很大的庄园，是清末财主的，庄园里有一间屋是书房，也很大，书房里的书柜都很精心地刻了花，很雅，并且书柜上都刻好了要放的书的名字，是《史记》还是《资治通鉴》都早定好了。我想当时的人可能较幸运，没有那么多书，这辈子应该读完什么书可能早都想好了，无怪古人有读尽天下书的志向。这位财主可能觉得读完这些书，天底下就没有更新鲜的事了。现在的人可能要辛苦很多，新鲜事天天发生，新书、新说法不知每天有多少。别说读尽天下书，就连手边的书也很少读完。现在人们读书功利想法很强，很少读闲书。

前几天听人讲，哈佛大学有一位教授，是印度人，叫 Ram Charan，因为家里在印度是小鞋匠，到美国当了教授以后又研究了很多地方不同的摆小摊叫卖的小贩，同时又用很长的时间研究了美国的许多大企业的 CEO，包括通用电气的韦尔奇、杜邦化工的 Chad Holliday、花旗银行的 John Read 等，研究的结果写了一本很薄的书——*What the CEO wants you to know*。书的结论很有意思，说孟买街头的小摊贩与 Jack Welch 的经营核心是一样的，只要掌握好这个小贩的智慧，你就可以像 Jack Welch 一样来管理一个大企业。我把书找来一看，也觉得有点意思，它让你觉得你所做的本来是一件很简单、很直接的事，从看似复杂的许多事情中找出简单的道理、核心的要素来，让你凭空增强了自信。可 Ram Charan 在论述小贩与大企业的许多相同之处时，有一处说得很啰唆，也不理直气壮，这就是对人的管理。企业中人的政策，正是大企业与小贩的根本不同，也是管理中难题的开始。所以组合论中企业管人的方面也是绝不能少的。

认识个人行为和组织行为的不同是管理一个集体的基础，对一个企业组织的内部人的领导、从属、分工、利益、纪律、创造等方面的管理，是想使众人的力量形成统一方向的合力，以推动企业的进步。而这个力量，在许多企业中是持久的动力，形成了有一类企业是以对人的管理来入手，也就是以对人的政策来作为企业发展的主要推动力。有的企业有更多的人的调动、升降、奖罚，对每一个职务的不断审核，从而对他的表现有组织形式上的承认和批评，使这些企业形成了以管人、换人为特点的管理。这种方法有利有弊，但在转换很快的环境中，这种方法有直接的效果。大企业与小贩的不同在于其组织，组织中的力量有集合、有传递、有消耗，而这其中的主线推动力我看有三种形式。第一种是物质推动，这类推动力很强，很集中，但较短暂，有些企业的奖罚甚至是与每一笔交易相联系的，这种做法是以短期结果形成的动力来发展企业，有大起大落的隐患。第二种是忠诚推动，虽然这种做法已不时兴，但许多企业仍在有意无意地用，如以就业安全保障、职工培训、各种长期福利等形式来换取忠诚，这些做法在业务相对稳定、人才市场竞争不激烈的行业还在起作用，同时，这类企业中各种职位相对也是稳定的。第三种是职业推动，这是较市场化也有自我成就意识的人力资源政策，应该说是前两种推动力的综合。职业要求对进入企业的人有较明确的标准，企业对他有较清楚的期望，他对企业有方向和文化上的认同及自身发展的预期，企业也有贴近这些预期的评价和奖惩系统，企业的发展与其职业经历的发展是一致的，这是一种新的个人行为与组织行为的协调。我们在企业中应该更多地推行职业推动型的人力资源政策。

（六）

企业发展，动力来自哪里？在企业发展的不同阶段上，管理者自我选定的不同的着重点上，企业的动力会来自不同的方面。像互联网带来的信息业热潮，忽然之间就冷了下来，是哪方面的推动力不见了，是科技吗？好像不是。前几天甲骨文的CEO来公司，说他们的软件系统今天是前所未有的成熟，效率高、成本低，公司的销售和盈利都很好，只是股价跌掉了一半。听来好像是资本市场的动力不见了。资本市场为什么动力不见了？因为资本市场的估值方法改变了。一年前我们还常说的Page View（访问量），Revenue Multiple（营收倍数），今天大多数人已忘记了。建立在科技进步对社会的广泛影响假设上的资本分配，从VC（风险投资），Seeds Money（初始资金），First Round（首轮），Second Round（次轮），

Mezzanine Stage（成熟期）到 IPO（公开首次募股），与这每一步有关的投资的大幅升值，创业者的财富增加，公司内所有参与者的暴发，以及与此有关的热情和冲动（还有短头发和 T 恤衫），与科技进步一起，也作为新经济中十分重要的部分推动了那种非理性的狂热。今天科技还在，科技的进步是真实的，虚拟经济是人来虚拟的，科技创新所带来的信息传递高效在未来也会深远地影响我们，资本市场的这种对前景，特别是盈利前景的预见，以及由此而来的资本的分配方式，则已被证明是错误的；可它在评价投资时的创新公式，曾让人们痴迷，也推动了这个行业的进步，并一定会让后人很久不会忘记。企业的动力是个无形的东西，要使它单一化、可触摸很难，无论这种动力的组合如何形成，要想达到推动企业进步的目的，其在内容上（至少是形式上）的创新都是必要的。创新是企业发展的必要动力。

从企业内部有无创新的文化、创新的环境，可以看出这个企业的活力。几年前去过一家做香烟的美国公司，其沉闷、呆滞、无可奈何的气氛让人觉得企业不仅对香烟失去了信心，也对人失去了信心。面对一个老化的产品，我看不出除去积极创新以外，有任何方法可以使企业继续生存下去。创新的方式很多，有战略大转移式的创新，最成功的莫过于诺基亚。去到它的办公室，你还看到是过去的老建筑，可那个做电视、做橡胶的企业早已不存在了。企业重生了，谁带动了这个战略创新，是资本、是技术、还是制度？战略创新的同时必然伴随着产品、服务的创新，华润集团的公司中有许多同事都在积极地摸索创新经营的路，而这种创新是企业增长发展的主要动力来源，也是竞争的必要条件。积极倡导并建立创新思维的经营方式，是保持企业跟上不断变化的市场所必需的。科技的进步、新产品的推出，固然是创新的主要方式，组织形式的创新也是焕发企业活力的方法。营销方式的创新是目前我们面临的主要创新形式，世界变化，大家都在变，我们也要被迫变，这是适应，是第一步。在适应市场的环境时，谁做得更快、更好，就是创新了。过去，我们有些业务叫贸易，今天叫分销，因为增加了不同的服务；过去叫采购，今天叫供应链管理。在这些模式中创造出一条适应我们所在市场的经营方式，就是创新。像我们手中拿的移动电话，几年之内在快速的改进中成了装饰仪表的一部分；手机公司竞争中，因为手机型号和外形所驱动的销售比例越来越大，而其中又有大量人们看不到的芯片的进步，芯片带来的电话功能的提高，从传声音到传资料，到传图像，到无线互联网，到今天的香港有线电话数量突然下降，到下一代的新电话……无数的创新，技术的、服务的、组织的、市场的创新，在几年之内创造了一个巨大的行业。虽然现在世界范围的 TMT（科技、媒体、通信）估值都大幅下降，但这个行业的生命力及对未来的影响是早已形成了。企业动力来自多方面，而在每一个方面，新动力的形成都与创新有极大的关系。所以，创新是企业发展的动力的说法不为过。

（七）

以前听说日本公司的员工热爱公司，汽车厂的工人在回家路上看到自己公司生产的汽车停放在路边，上面有灰尘，就会上去把车擦干净。现在看来这可能是个文化现象，相信这类事情今天在日本也不多了，因为日本的社会文化也随着经济关系的转变在变。一个民族、一个企业，行为的文化表现应该是在有约定的准则之外的人们惯常的行为方式，把文化这个概念放在企业里，让企业管理者更增添了人性的一面，也使企业管理更难把握。企业管理本来就不是门精密的学问，它不像数学一样有明确的逻辑层次关系。比如企业文化，说它的人很多，可不单它的含义时常被误解，它在实现管理目标中的前后因果的地位也常被混淆。企业文化说起来很要紧，可做起来常被忘记，也不知如何下手。有人说某个企业好是因为企业文化好，把企业文化作为企业进步重要推动力的成功企业很多，可是企业文化的形成与企业的产品、企业的市场、企业的人事又是什么关系？文化的地位就像富人书柜里的书，很好看，不好用，也容易遗忘。企业文化有时在浅层次上被人看作企业的“化妆品”，用来展示，企业试图用职工联欢、企业刊物等形式建立企业文化。可一个面色红润、精神很好的人通常不是因为用了化妆品，企业文化的形成都有深一层的原因。有时看到一个企业的职工礼貌不周，我们会说这个企业没有文化，其实，没有一个企业是没有企业文化的。企业文化是企业有形规则以外的精神体现，是与企业一起存在的。在最初的生产汽车流水线上，企业文化的表现更多是纪律，是服从，是劳动力与金钱的交换关系。当企业管理者意识到人作为生产要素的一部分是无法全部以纪律和交换来管治的时候，企业文化就产生了，企业文化被有意识地塑造和有目的地用来激发人的热情和效率，是企业中高层次的管理阶段。文化变成了企业产品、服务、效率甚至对外形象的一部分。前几天，在香港财富论坛上，我遇到一位很优雅的法国女人，交谈中才知道她是一家很大的国际律师行的主管，便问她可知道该律师行的一位律师，谁知她说这个人是一个淘气的孩子（Naughty Boy），已离开律师行自己创业了。那位律师曾给我很好的印象——热情、直率，可他在律师行做得并不好，因为律师行要求的文化与他自身的行为差距太大。我相信他有能力做好律师份内的工作，但在没有成文的文化层面上，他的行为准则与环境有差别，他只好离开。由此也可看到公司文化的形成首先来自公司高层的管理理念，来自管理理念与社会文化、个体目标的沟通与配合。律师行的文化与广告公司的文化不会相同，产品的市场竞争也会逐渐地影响公司的文化，公司的文化会在不同层面、不同时间表现出来。公司里对客户是什么文化，同事之间是什么文化，对社会、对公众是什么文化，公司员工对公司、对公司的投资者是什么文化，这些事情可能都有写在纸上的条文，可纸上没写的，写了后又如何执行，公司里的每个人都有一个心里的基本行为准则。而这个基本准则的形成来自社会文化大环境下的公司的核心价值观。这个价值观，通过公司管理的理念包括对人的、对事的、对产品的、对客户的，由最高的决策层推广开来，并通过公司的评价、优劣准则来规范大家的行为。什么人是公司的英雄，相应就产生一种企业文化。如果创新者是英雄，公司就形成创新文化；如果勤奋者是英雄，公司会形成勤奋的文化。公司会有多重文化，公司中有大文化，还有单体的小文化。你进了这家公司觉得舒服，可能是有相通的文化，而这个文化则是公司经营理念长期形成的结果，形式只是表现，学别人的公司文化是学不到的。

公司的目的是价值增值，积极的公司文化带来的是效率，是可以直接服务于目的的；而这个效率不是来自组织的严密、纪律的严明（当然这些也是必不可少的），而是由公司文化带来的效率，源于人们心中，是最低成本的动力。听说有家公司在请员工时可以给相对低的工资，但还可以请到好的人，因为人们喜欢它那里的文化气氛；文化在这里变成了有价的东西，因为它给人提供了一种环境，生活的环境、工作的环境。社会文化创造的是社会的生活环境，企业文化创造的是企业环境，每一个企业的生存与发展都会依赖于这个环境。

（八）

记得以前在美国看过一个电视节目，叫 *Fight Back*（《反击》），是专找电视广告的毛病，谁的广告夸大、误导，这个节目就来“反击”。有个圆珠笔的广告说这种笔写起来笔尖很滑，可以做电唱机的唱针。这个节目就做了个试验，证明笔尖不能做唱针，后来生产商迫于舆论，改了广告。这件事也引来很多争论，就是广告对产品的宣传可以到什么程度，有些想象行不行。这件事到今天可能也不见得有唯一答案。

我觉得从生产商推广来说，当然想引导人去买他的产品，有点渲染是应该的，消费者最终应该自己有判断能力来决定选择。可事实并不是这样，消费行为像人的其他行为一样，在它变成一种群体行为后，个人的判断力就受外部环境的影响，特别是在消费不再是基本的生理需要时，消费的选择是社会化的。就像一个人，当他仅仅有钱买面包充饥时，他很清楚面包与金钱的对比关系。可当他有多余的钱可以自由地选择鱼子酱时，鱼子酱是来自俄罗斯还是芬兰，何种牌子，对他就重要了，而他的选择就要看他周围的人选什么，品牌带来的消费感觉是什么，包装怎么样，价钱是多少。而他的这些选择，相当程度上会基于商家的 Marketing（营销）。如果对营销中的推广环节没有任何道德制约，营销真的可以通过群体的消费行为来误导消费者，这使我觉得像 *Fight Back* 这类节目有意义。而即使营销行为被限制在道德界限之内，它对消费的影响和引导，甚至对需求的创造都有十分直接的作用。组合论想说管理是多种因素的组合，也想说每种因素在不同时期、不同企业有不同的重要性，对企业产生不同的推动力。营销这项因素不仅是短期推动了企业的运营活动，而且可以长期积累并创造了企业的总体价值。

现在有越来越多的企业，业务成长的主要推动力来自营销的进步，有越来越多的企业称自己为营销公司，像耐克、可口可乐、宝洁，都公开对外称自己为营销公司，它所有的其他活动，如生产和 R&D，都是以营销为中心的。市场竞争的格局表明，有三类企业明显地获得了优势，而其他企业只能在其周围作配角。一是掌握资本和资本分配的企业，像大量的投资银行和资本管理公司，巴菲特可作其代表，而这些企业大部分都很低调。二是掌握了技术的企业，像 Intel、Cisco、IBM，这些企业的发展来自技术，虽然也做营销，但不会称自己为营销公司。这些企业掌握了某个行业技术的核心，甚至标准，他人只能随后。三是掌握了营销的公司，除了前面讲的一些公司，还有 Disney，可算营销企业的典范。我去过几个地方的 Disney，说实话，与深圳的欢乐谷差别是有，可也没有那么大，可其营销的范围和规模却差别如天地。营销类企业没有生产，像耐克没有自己的工厂，可口可乐在中国的灌装厂，它只有不超过 20% 的股份，甚至设计也是外派给别人来做。这些企业做什么，做营销，分为三部分：一是品牌设计（Branding），二是定价（Pricing），三是分配（Distribution），这三者放在一起，便成了经营活动的主宰。过去的推广营销活动，主要集中在日用消费品，这几年，一些工业机械、医疗用品，都很有意地在商标和推广上下功夫，不但在产品上，而且在公司形象上，意在通过推广来建立市场或社区地位的活动越来越多。营销对企业进步的推动，对消费的引导，甚至对消费活动的创造，正起着更大的作用。

营销的核心是企业产品在消费者心目中建立了一个地位，其中包括了价格、质量、功效等通常的考虑，也建立了像生活品位、社会地位等方面的社会心理感受，其效用可能始于促销的短期目的，而有远见的企业（通常也是竞争力强的企业）则能够把这些活动最后积累到以品牌为代表的企业价值上。如果这个企业的品牌价值大过它资产负债表里的资产价值，这个企业一定是很成功的营销企业，而营销活动通常会带来更高的回报。企业的营销活动其实最终是形成一条产品的生产和消费的信用网，像银行所形成金融信用网一样，它不仅代表了一个相对稳定的交换关系，同时也提高其自身在经济活动中的价值，更可以有效地把竞争对手关在门外。

（九）

我前面讲了管理一爿生意的不同方面，其实每一个方面都是独立的课题，把它们放在一起，才有了一爿鲜活的生意。它们之间的相互作用不同，也相应有了好坏不同的公司。现在想来，商学院里的课程也是一个组合的方法，不过通常大家会较注意单一的科目，不理会它们之间的关系。就像一个孩子，在心急想去捡前面的皮球时，不会看到脚下的石头，只有当他跌了跟头，又没拿到皮球时，他才会想想皮球和石头是什么关系。不过商学院的课程在设计时，可能世界变化没有今天快，即使是把它一般讲的内容都下了功夫记住了，生意有时也做不好，因为有一样内容它不讲，这就是变化中的生意模型。

模型本来应该是个建筑学用词，后来又变成数学用词，前些年又变成经济学用词，最近又成了管理学用词，实际上无非是想建立一种关系，一种函数关系，想知道如果我这样做了，别人会怎样做，可惜这种关系在面对不同时间、不同地方、不同产品、不同客户时都有不同的变化，也就是说有不同的模型。最近一段时间香港经济不好，大家都怀念旧时好光景，特别是地产，大家说不知什么时候地产市场会再兴旺起来，其实我看地产市场再也不会像往日那样兴旺了，不是因暂时的什么原因，而是因为它的生意模型变了。土地政策变了，房屋政策变了，生意模型也就变了。香港最好的地产商投资到香港外的其他地方也没赚到钱，不是因为他们不懂建筑，不懂推销，而是因为想把香港的生意模型用到别处，可惜这个模型别处不适用。生意模型这个词用得最多的是互联网上的电子商务，到今天电子商务应该是个什么模型，到底有没有模型，大家还在争论。不过以前的模型错了，这点大家都承认。今天大家还说互联网的技术很好，可能找到一个生意上可行的模型吗？很考验人。前几年我接触过几个环保项目，环境保护是个大课题，环保产业是个大产业，可是环保项目的生意模型很难建立。处理污水、处理垃圾，特别是在国内，如何投资，什么政策，谁来组织，向谁收钱，什么是生意模型里的关键点，很难建立一个明确的逻辑。你光说环境保护有前景，可这里的供求、产品服务与市场如果不能建立一个清楚的模型，这个行业就难有大发展。

生意模型其实就是做生意的方式，它的最大特点是变化。产品的变化，贸易方式的变化，随着时间、地点、竞争环境的不同不断地变化。过去中国做外贸的企业，今天的生意模型变化很大，你周围的业务关键点都变了，新的生意模型其实也是一种新的服务或产品，要求从专业技能到心理状态，从人员组成到组织架构都要变化，变得慢、变得不彻底、变得无效率，你就会在竞争中失去生存的机会。不断改进、不断修正自身的生意模型是企业进步的最重要标志。在生意模型上有个很大的风险就是想把自己熟悉的、在一个地方成功的模型搬到另外一个地方，要在不同环境下复制一样的生意模型，这一点，很多跨国企业吃了亏，香港人也吃了亏。让自己的生意做法适合当地的市场环境已成了大家的共识。

听说麦当劳最近在中国开始特许经营，这个公司在国际上的成功来自特许经营。它来中国十年，没有搞特许经营，而且改变了供应品种，其生意模型的变化相对于其他国家是很大的，现在看来，它对了。如果它一开始就搞特许经营，又管不好，发展速度可能会快一点，但麦当劳在中国也许就不是今天的地位了。

(十)

最初要写组合论的冲动是因为觉得企业进步的推动力是来自一种组合的力量，而这些组合中又有不同的因素转换起主导作用，有时是技术的，有时是市场的，有时是战略的，企业经理人的工作就是要找到或创造这种力量来促成企业的进步。我们所处的环境，这种不断转换的力量就更多，不可能穷尽。我一直想找一个例子来说明这个道理，刚好我昨天去了五丰行在国际食品节的展台，感受到一种很强的企业推动力，比理论要生动得多，转变很实在，生意很鲜活，企业未来的进步可能要靠它。这是个很近的例子，说给大家听，也算是给组合论想说的事做一个结尾。

五丰行是老生意，公司有不错的盈利，与我们在香港的其他生意一样，想跳出老圈子求增长是很难的，公司很长一段时间一直在努力，昨天在展台上的一些事代表了努力，也代表了很深的理念转变。这种转变，就是推动力中组合的主要力量。

五丰行过去卖猪肉不求人，也不用讨好人，因为别人不卖猪肉。五丰行现在想多卖点猪肉，卖个好价钱，就想了办法——把猪肉割细了，把从舌头到尾巴的部分都分好了，告诉大家应该怎么煮，怎么吃。为了让大家记住这些可爱的猪和送来猪肉的五丰行，它还做了红色塑料小肥猪的钥匙链。五丰行开始讨好他的客户了。五丰行过去给人守旧的印象，自己也不在乎。昨天五丰行的年轻人个个都穿了绿色小花的上衣，面带青春的笑容，开始向人们展示新的形象。有客户讲五丰行在变，人们也感受到五丰行推广健康生活的气息。五丰行过去卖别人的东西，现在它也开始创造了，创造品牌，创造新产品，它卖的米粉是自己产的，还生产了米粉式的意大利粉，不知消费者会不会对这番苦心领情，但这种创造的动力一定会带动公司进入一个新的天地。五丰行请了天津人来包饺子，请了浙江人来包粽子，据说来的人都是当地的名家，也算让香港人开开眼。五丰行把香港市场与内地产品紧紧地连在一起了，这一点，可能别的香港食品商难以做到。这是五丰行的优势。香港市场有限，五丰行的市场占有率相对也高，把猪肉做得更深一点，进超市，设专柜，细分割，市场就有了；把其他产品做得更广一点，市场也有了。什么是主要食品分销商，就是要在食品的深度和广度上下功夫。我们做的其他产品道理也是一样的。看了五丰行刚出的金华火腿鸡汤，金华县出的，我觉得也是很好的创造。美国的 Campbell Soup 是家很大的公司，超市里卖罐头的货架有 1/3 是它的，它的汤料有的在英国产，有的在澳大利亚产，有的在新加坡产，仅卖汤料每年有 50 亿美元的营业额，近 6 亿美元的盈利。五丰行面对着十几亿中国人，自己把汤料做成什么样，是个大课题。听说已有主要超市订了这种汤料，看来是个好的开端。五丰行的展台在入口处，设计的蓝天白云有气势，也有活力。展台上还有北方大米、珍珠米、水晶米；有做好的日本寿司；有花雕酒、山葡萄酒。五丰行的展台前有很长的人龙排队，据说是为了品尝米粉。我觉得五丰行今天离客户很近，他们不断地在问客户对新产品有什么意见，这一问公司就进步了。展台的正中，是一组五谷丰登的瓷像，是五丰行的一位职员从内地背回香港的，是很厚重、朴实的那一种。五丰行的人很喜欢它，他们要在五谷丰登的大地上走出新的路来。

以前听人说，一本书中最好的只有一章，因为写书的人开始的冲动来自想好的一章，其他章都是因为想写一本厚书而凑上去的。这次写组合论，我也有同感，不过最好的一章不是我写出来的，而是大家做出来的。

（1999 年 10 月—2000 年 8 月）

五步组合论

我们的三百多名经理人，都受过很好的教育，有很多工作经历，我希望大家能用结构式的、逻辑式的思维考虑问题。如果我们把自身已具备的信息结构化、系统化，我们的团队会更强，因为你们会创造出更强的能力。

中粮集团的健康发展面临艰巨的挑战

团队和领导力是目前中粮集团比较急迫的问题，为什么？

从企业的特点分析，中粮集团能做好的概率并不高。

第一，中粮集团是国有企业，资产并不大，比中国石油、中国石化、中国电信小几十倍；国家政策项的业务也在慢慢减少；经营的业务相对比较散。

第二，中粮集团是外贸企业，从人的思维到运营系统比较熟悉的就是贸易部分，然而贸易是过去经济环境和过去中国经济体制造成的商业模式，体制变了这种模式就没有了。

第三，中粮集团是转型中的企业，转型是非常困难、非常危险的一件事，很多很大的企业在转型的惊险一跳中，失败的例子很多。

第四，从竞争环境、投资环境来讲，世界资源配置不愿给多元化企业。

第五，中粮集团是并购整合的企业，从屯河、深宝恒、华润酒精、生化，到最近的中谷，不管什么形式两个企业合在一起了，并购失败把企业拖垮的例子也很多。

今天面临的五个问题，每个都会给我们的工作带来非常深远、非常广的影响，而不是临时性的。

中粮集团一定能健康发展

面对这些长期影响的问题，我们怎么解决？凭什么说我们能解决这些问题？因为很多国际理论家都把这些问题放弃了！

但是中粮集团一定能够健康发展，为什么如此肯定呢？

第一，相信中粮集团的经理人有足够的悟性和智慧，能找到一种科学的方法解决我们的问题。从战略、预算、流程、6S体系，我们正在解题的过程中，大家的向心力很强。我曾经跟韦尔奇探讨过多元化企业怎么搞，他认为多元化是通用电气成长的根本原因，这说明是有科学的解决方法。

第二，对我们很重要的是相信团队的使命感，相信大环境带给我们的机遇。大环境不仅是经济环境，还包括社会环境，我们期望和等待着我国的体制和机制不断进步，在机制和体制改变的同时，中粮集团的基础也在不断进步，所以有信心用科学的方法解决问题。希望将来集团有一种学校的感觉，每个人都能习惯性地用系统、逻辑的科学思维来面对问题、解决问题。

为什么讲五步组合论

我们很多人学过MBA，一般都有一二十门课，看起来挺丰富，可以随便选，但是这些课实际上是没有联系与逻辑的。MBA的课程没有给你讲企业到底怎么回事，你没有建立财务和人是什么关系、人力资源和战略是什么关系、战略和评价是什么关系、选择经理人和战略有什么联系等的概念。五步组合论就是内部管理各个环节、各个元素间的逻辑关系。

大部分企业出现问题后，为了解决问题会带来很多新的矛盾，我们往往用另一个妥协来解决前面的矛盾。比如和别人合资解决技术问题，却发现因为引进技术而牺牲了管理权和对企业的掌控权。所以不能只局部地看问题，必须把问题排列好了，系统地解决，要用五步组合论把内在的逻辑关系连接起来。

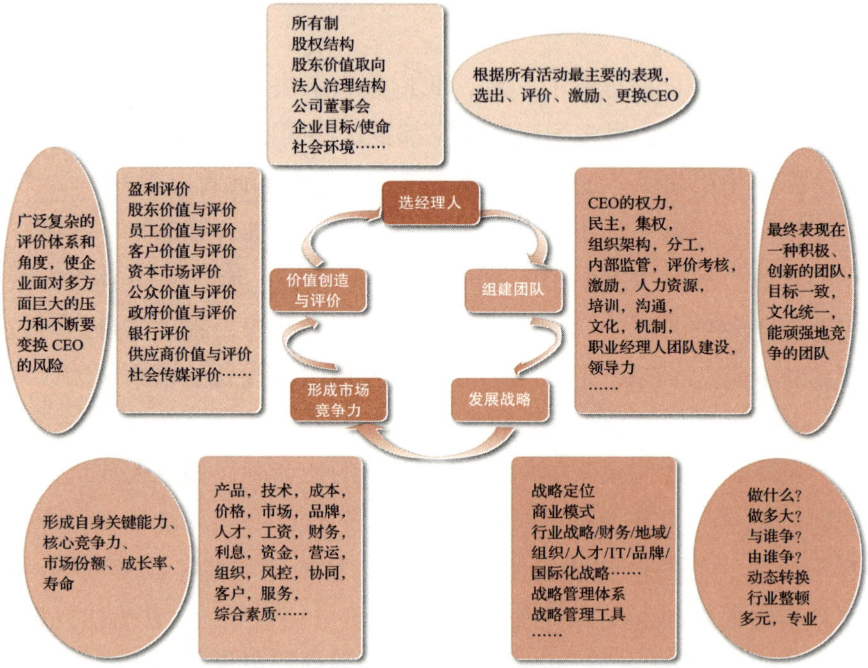

第一步，选经理人

对于一个崭新的股权和管理权分离的企业，最核心的第一步应该是选经理人。扩展到中粮集团，用科学的方法选经理人最重要。要有公开与可行的标准，所选的经理人一定是能够带领公司进步的人。将来提拔谁，必须清楚地表明为什么提拔他，对大家要有很清楚的导向性，而不是下达一个文件就行了。

第二步，组建团队

经理人上任后，面临的第一项任务就是组建团队，这是很严峻的考验。国际上大企业的CEO都有足够的权力，通过个人的意志把企业凝聚起来。我们能不能在不断监督、不断纠正的过程中，给经理人足够的用人、组建团队、带领队伍的权力？

组建队伍很考验经理人的能力。比如是民主还是集权？组织架构怎么设置？怎么对职员进行评价和激励？内部监管怎么进行的？其中包括了文化机制，职业生涯的设计、培训、沟通。完成所有这些工作，目的是建立一个积极、创新的团队，经理人再按每个人的特点把他们放在合适的位置上，这样团队才可以成长。

作为经理人，领导力非常重要。领导力能不能训练出来？人作为个体是很难转变的，但作为组织的一分子就很容易转变，因为人是环境动物，适应环境的能力很强，所以领导力是可以训练与培养的。但是要做好的经理人，最大的难度是“均好”，要平衡，要全面的综合素质。

我简单地列了以下几条。

经理人要抓重点，抓大事，有带动公司转型的全局观。能不能每年做好最重要的十件事，做好能影响组织架构、影响团队、影响财务报表、影响战略方向的事情。

要发挥团队的作用。经理人敢于为团队成员承担责任，这样团队才能不断地向前冲锋。

团队有没有韧性也是非常关键的。不是任何时候、任何事情对你都公平，都理解你，所以有韧性、有毅力、能经受挫折，对经理人也是基本要求。

真正的企业领导人是资源的组织者，能目标坚定地把集团内部、外部所有资源组织起来。

把每个员工都调动起来，让他们在最好的待遇、最好的环境中工作，是领导人需具备的基本素质。

要提升对自己、对团队的标准，不断地自我反省、自我批评和总结经验。做人要坦诚，要直接，要有心灵的契约，这样员工对你才有期望值。

对好经理人有太多的要求，但最核心的、必须具备的就是：责任感、使命感、激情、学习、团队、诚信。中粮集团的经理人必须以好经理人的标准塑造自己，从能力到心态，否则就不会进步。

第三步，发展战略

战略是以团队为基础，应该在团队的默契和统一目标之下讨论战略。使命、目标一致才能讨论战略怎么执行。但世界并不那么完美，不会让你一步步做下来，所以我们是做完战略后再组建团队。

第四步，形成市场竞争力

战略做完以后，就是执行力和管理的问题，包括产品技术、成本、价格、市场、品牌、人才、财务、资金等。如果前几步因素不具备，后面根本不成立。

第五步，价值创造与评价

选经理人，组建团队，制定战略，形成市场竞争力，最终做得好不好，要有一个评价。评价的过程就是价值创造。比如对盈利的评价、股东价值的评价、员工价值的评价、客户的评价、公众的评价、政府的评价、银行的评价、客户供应商的评价、传媒的评价等，广泛的评价体系和不同的角度使企业面对巨大的、多方面的压力，面临不断更换经理人的风险。

在这个循环过程中，每项因素都需要经理人一个一个地处理。由此可见，我们面临的是一个很复杂的矩阵，同时也担负着很重要的责任。希望整个战略制定以后，我们团队的能力能够一起提高。

（2006 年 4 月）

价值评价是结果又是起点

晨光班的课程是以“五步组合论”为基础设计的，价值评价模块是其中的最后一个模块。“五步组合论”是循环的系统，不是割裂的条块。

价值评价是企业运营的结果，又是起点。任何公司获得的来自外部的评价，大多关于其企业性质、规模、品牌、产品组合、资本市场表现、投资价值、财务风险，还有其股东和员工。评价有很多维度，比如市盈率，苹果的市盈率是40倍左右，百度是80倍左右，食品企业通常是20倍左右。从资本角度讲，如果一家企业的市盈率是15倍，那么它并购一家市盈率20倍的企业就很困难。如果市盈率是80倍，那么公司的股票就是现金，并购起来就容易多了。

对世界500强的名号，中粮自己可能不太在意，但从外界如何评价中粮来看就很重要。有几次中粮被邀请参加投资项目、被给予政策优惠，就因为中粮是世界500强。

价值评价模块是“五步组合论”循环总结和起点的地方，中粮的经理人在做投资决策前必须明确收益和损失会是什么，要及时把决策放在资产负债表、损益表这些评价体系上演绎一下。

五步组合论

对企业某个局部的管理并不难，只要有过几年的实践经验就能做好，问题通常出在系统管理上。比如产品销售业绩不好，怎么办？“做广告”。这是到今天为止中粮大部分经理人的思维逻辑——

销售为什么不好？“投入不够”；“广告投入大，亏损了”；那为什么做了广告还亏损？“投入还不够”；那什么时候够？“不知道”。再比如说，产品销售不好是因为成本高——为什么成本高？“原料不好”；那为什么不买好原料？“资金不够”。这样始终找不到真正的原因所在。到今天为止，这个问题也没解决。

分析管理可以有很多角度：财务、战略、人力资源、研发、创新。但关键在于从哪里开始就也要回到哪里。应该把所有管理问题用一个逻辑联系起来，联系起来以后，在这个逻辑内部去发展，就像给经理人提供一张企业管理的地图一样。

第一步：选经理人①

第一步是选人。“五步组合论”对家族企业、国有企业更适用，因为所有制决定了要选谁当 CEO，同时所有制也关联着治理结构、董事会、监事会。

任何董事会的战略都是选个好 CEO。所以无论是公有制还是私有制的治理结构，最终落到实处的是选 CEO。CEO 选错了，那其他一切都没用。如果 CEO 选对了，那就都好办了。

选 CEO 过程中，股东的导向是容易出问题的，在公有制里面有什么问题呢？就是公正性、价值取向有误。股东可能想选个能力平平但对股东好的，业绩其次。可是 CEO 实在很重要，未来公司的决策都与 CEO 息息相关。

为什么说选 CEO 是第一步？任何业务的开始，无论大业务小业务，先要确定负责人是谁，负责人的潜力标准是什么。因为如果公司业绩表现不好，开个小会重新选个 CEO，可能只需要三分钟就搞定了，但是对公司未来的发展而言，风险是很大的。

第二步：组建团队

今天的管理理论对团队关注是最多的，从 CEO 的领导力到团队

---

① “选经理人”中“经理人”，系指企业之 CEO，非指一般管理岗位上的经理人。

自身的评价，再到团队的组成、架构和发展都有研究。真正的领导力来自CEO，团队带得好的人，可以像韦尔奇这样活跃，也可以像可口可乐CEO那样低调，而巴菲特则说他自己带不了队伍，就只有投资别人了。

一些新兴行业，比如腾讯，市值已经4000亿元了，这令做传统行业的人非常吃惊。传统行业是赚“笨钱”的，要建团队、搞投资、做研发、建品牌。中粮自身定位就是传统行业，传统行业就有传统的管理办法，不能指望卖面包突然卖到4000亿元市值，除非这面包有特殊功效。

为什么要强调组建团队？因为组建团队后考虑的就是制定战略。要用怎样的团队组织形式和文化才能把团队成员所有的力量和创造力都调动出来，这对企业的未来发展很重要。

第三步：发展战略

很多公司请咨询机构提供有关行业选择、竞争方式选择的战略咨询，中粮也曾经请麦肯锡做过战略咨询。麦肯锡的咨询报告有厚厚的五大本，但麦肯锡不负责后续的监督执行和方案落实，中粮自己也没按照咨询报告系统地去落实，容易落实的事情就做了，难落实的事情就放弃了。这样不行，战略不能破碎地做，要整体地、系统地推进。

第四步：形成市场竞争力

在清晰的战略基础上，每个经营层面必须形成真正的竞争力。MBA课程大部分集中在如何提升经营能力上。做企业，看准趋势，做好战略，利用先发优势，可能一下子就能做起来了，但对后入者来说就比较难了。

第五步：价值创造与评价

价值创造这个概念是从英文翻译来的，是投行常用的概念。投行对任何决策和建议都先问，这是不是“价值创造”。那什么叫“价值创造”？比如一个新啤酒厂并购进来，中国人要盈利第一，一些费用上能省就省。投行说这样不行，毁灭价值。价值有不同的层面，最低的层面是盈利，上面还有无形的价值，比如文化价值、品牌价值、资本市场价值。比如说中粮地产的商业物业这块新业务，就是价值创造，其商业模式伴随着市场发展将有很高的成长预期，即使它的价值没有立即体现在数字上，但已经超出了简单的当期盈利。所以，成长预期也可以是价值评价的一个维度。

股东的投资取向也是重要维度之一。如果股东的取向是希望短期内盈利，忽视长期价值，那就会把系统管理的过程扰乱。关注价值创造，会帮助我们用长远眼光看待和评价业务。

品牌价值也是价值评价的重要维度。华润的蒸馏水业务“怡宝”以前没上市时，资本市场都不看好。但最近华润饮料业务跟三菱全面整合，蒸馏水业务作价高达 60 多亿元，彻底承认了“怡宝”品牌的价值，“怡宝”管理团队的价值也得到了实现。

（2011 年 3 月）

组织人事工作如何服务集团战略发展

企业战略从哪里来

战略不是孤立的，是系统问题。战略目标的确立是一个组织成熟发展的第一项成果。

举一家企业的例子：腾讯。腾讯的市值几乎等于“中国石化+中国移动”，超过4000亿美元、差不多3万亿人民币，而中国石化和中国移动都是不到2万亿人民币的市值。腾讯的大股东，即真正拥有这个公司的人，不是中国人。腾讯的最大股东Naspers，是南非的，占股40%左右，而马化腾占股10%左右。我开玩笑地说，这是典型的中国人打工打成首富，为什么会这样？腾讯在最困难、最需要钱的时候，中国投资者没有人投资，从战略来讲，没有人认识到这个公司的成长性和未来潜力。这不是赚钱问题，是战略问题。在战略思考上，有没有真正考虑成长性，思考如何培养业务和发展潜力，而不是不赚钱就赶紧卖掉，这讲的是战略形成的动力。

战略根本上是增长和增长方式

企业战略的理论非常多，几乎企业里每个人都讲战略，所有的咨询公司都叫战略咨询公司。企业里面，有营销战略、财务战略、成本战略、人力资源战略，甚至还有培训战略，包括后勤都有战略。那么，战略到底是什么？有定位说、目标说、资源说、创新说、组织说、转型说等不同理论流派。

我认为，战略根本上是增长和增长方式。战略的起点是市场。彼得·德鲁克提出，战略就是通过最有效的管理，用最小的资源达到最大回报的过程。战略的根本是一种增长方式，我们用什么样的方式、什么样的路径达成企业的增长。

对于多元化集团而言，集团总部指导各业务单元，可以运用战略思考十步法形成业务单元竞争战略，中化集团也在使用这个办法。通过十个步骤，一步一步有逻辑地形成战略。每年企业都用十步法，把战略过一遍，每年做预算前要回顾战略，看一下战略对不对，行业对不对，怎么做下去，还是不该做下去了。

战略与执行的关系

前面说的是怎么做事。怎么做好，战略就和执行联系起来了。同样的战略选择、行业选择及定位、资源投入、市场环境，但得到的结果不同。这是因为团队成员、组织方式、体制效率不一样。或者说，战略一样，执行不同，企业就不同了。因此，战略和执行都要好，都要到位。

实际上在企业里最纠结的就是这个。我到中化集团以后，把战略部改为创新与战略部，把过去的评价考核部门改为战略执行部。我觉得这两个部门的关系，是企业里最难的两个关系，归根结底就是战略和执行的关系。建立在讨论战略、宏观环境、产业政策之上的东西和实际做到的东西，往往差了60%～70%，因为组织的联系、人的联系、资源的联系和战略执行都出现偏差。反过来，有的中层很能干，基层非常有活力，最终推动、补充和挽救了战略也很有可能，完全看一个组织系统里是怎么来管理这个事情。

所以，人是战略和执行的连接点，这是最大的连接点。企业的“企”字，是“人在上”，人是企业里最核心的要素，人来执行，人来组织。中国人叫企业，外国人叫 Company，也是伙伴的意思，从中可以看出人在企业里的关系。在企业管理中，有个动力系统，有个成力系统。想不想去做，就是有没有动力系统；能不能做好，就是有没有成力系统。

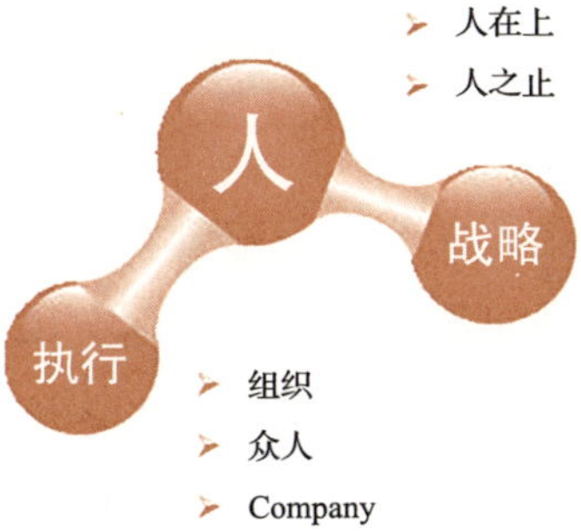

高层管理和中下层管理职责有不同区分，越是战略和宏观的事情，越是高层的事情，这也是个系统，不断地循环，不断地自我更新。战略方向的调整、资源的获取及配置，团队的组建及构架，目标预算及评估考核，再到产品、技术、成本，市场营销渠道、客户、消费者及市场份额，战略就逐步地与执行联系到了一起。这个逻辑很清晰。如果企业选择错了行业，想通过经营解决很难。因为是战略性的选择出现了问题，必须得去创造新的战略。市场决定战略，战略决定营销。作为战略执行来说，这几乎是区分好企业和坏企业的关键点。

香港有两家公司——和记黄埔和新世界，我在香港的时候，这两家公司很多业务都一样，比如都做地产、电讯、港口、零售，但是 20 年后，新世界的股票一直还是 10 元，和记黄埔 20 年来已经涨得非常多。业务一样，市场环境也一样，体制上也没有大的区别，为什么结果有这么大区别？关键在用人上。我之前问过李嘉诚，为什么你做石油、做电话都能做得很好，为什么恒基、新世界做地产还可以，但其他业务不行？他开玩笑地说，主要是因为他会说英语。他白天在厂里打工，晚上学习英文，因为会英语，所以不怕外国人，请了一堆外国人为他工作，做了很多石油、互联网的投资。

所以最重要的是用人，李嘉诚有用人的眼光，有全球战略眼光，有对行业的判断和评价的眼光。反过来看其他香港公司，基本是家族式、朋友式、老臣子式的公司，这些公司发展的局限性很大。

人在企业中的作用

在企业里，说到战略，说到任何一个业务决策时，都要假设人的存在，假设人是有能力的。在真正的管理学里，人就是全部，比如德鲁克，全都是在说人。也许你会说财务、营销、成本……这些都不提人了，为什么？因为人是所有其他管理行为的前提，假设你已经拥有了最好的团队、最好的体制、最好的管理方法、最好的企业文化，再来说其他做事情的方法。

但问题是，往往不存在这个假设。我们已经决定了应该怎么做，但等我们返回来才知道，从能力到动力、到专业性都不够，这就有问题了，所以说人是管理的起点，也是终点。“以人为本”“人在上”“人本主义”，见物一定要思人，这实际是对管理的基本要求。

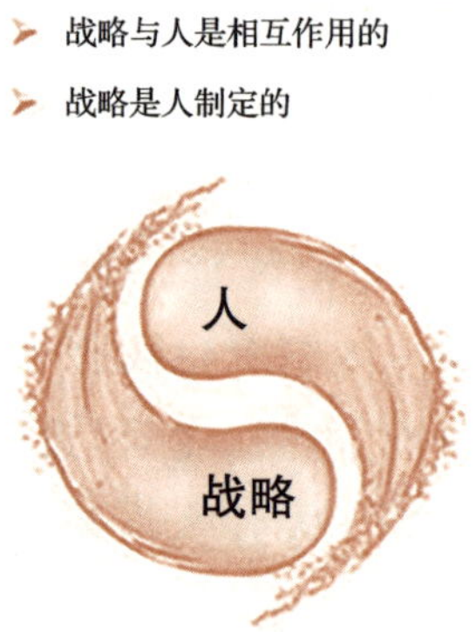

6S 管理体系

6S 管理体系在华润、中粮、中化等企业都在推广分解。在企业运行过程中怎么管理企业，从中可以看到人和事情的关系。

第一，战略单元管理体系（BU、事业部）。什么叫“战略单元”？一方面它本身有行业的战略性；另一方面它有对战略的理解和驱动性在里面。

第二，全面预算体系（业务、市场）。过去编预算是财务部的事，现在不是，有企业甚至只做工作计划不做预算，明年做什么、卖什么产品、占多少市场，不再把数算出来，因为这个数算出来也基本上是造出来的。全面预算系统是真正把业务搞清楚。

第三，管理报告体系（当期、主业、真实）。过去都有财务报表，但是拿财务报表来管理不行，因为财务报表把历史上非现金性的、会计处理的东西都做到一起，很难评价。而管理报告系统剔除历史、会计原则等，专门对主业的当期竞争性做出评价。这样团队的责任很清晰，而且很容易评价。

第四，审计体系（内部运营合规建设）。审计体系是内部审计，主要以合规性审计为主。比如我给别人放账、贷款，把货卖了钱没有收回来，这个会计是审不出来的，但从企业来讲需要考虑这个业务应该如何放款、负债比例不能高多少。

第五，业务评价体系（标杆、市场、历史）。对业务的评价过去靠预算。你说今年要赚 1 亿元，年底赚了 1.2 亿元就表扬一下，如果赚了 8000 万元就批评一下，这样预算就变成了讨价还价的系统。而所谓以标杆、竞争对手、市场、历史来评价，预算评价只占 10% ～ 15%，预算做完了，达到预算了，只能得 15 分，还有 85 分，怎么办？一定是依据市场、历史、标杆的评价。

第六，管理团队及经理人评价体系（团队、创新、潜力）。企业最难的事情，就是战略性的投资要经过一个长时期，可能三到五年甚至更长时间的培育。度过困难阶段，这是最重要的事情，也是最难的事情，更是最没人想干的事情，但是最应该让最好的人去做的事情。否则企业这一年盈利了，人走了，事也没了；换了个班子，企业就不行了；企业做了几个交易型的生意挣了钱，但并没有战略性基础，无法被拉到增长轨道上来。所以怎么样评价团队经理？赚钱的就一定是好经理？不一定！不赚钱的是不是坏经理？更不一定。这里面涉及对企业发展阶段、创新性、潜力的评价。

把这六点连在一起，运营就开始了，每年都会分解成投资、业务运行过程等来进行评价。现在中化集团的这个体系正在变成一个自动周转运作，每年自我完善、自我更新、自我提升的体系。

企业经理人的标准及素质要求

企业里面还有个难题，就是什么样的人是好人，这几乎是全世界范围内的难题，不管是哪个公司。很多人去通用电气学习过，我去学习的时候还是韦尔奇的时代，韦尔奇讲 4E，Energy（活力）、Energize（激励）、Edge（胆识和决断）、Execute（执行力），这 4E 是通用电气对人的评价。后来换了伊梅尔特，伊梅尔特把 4E 换成了专业、学习、创新和尊重人，重新解释了他对企业人评价的要求和理解。当然他把通用电气的战略也转变了，把过去并购，甚至金融为主的业务，转变成了需要更多的工程师，不需要更多的会计师。伊梅尔特最近被换掉了，只做了 16 年，为什么被换掉？外界认为伊梅尔特没有跟上数字化、互联网经济时代，虽然他一直非常努力地去跟，但他没有跟上这个时代，通用电气的股价增长一般。

那么怎么评价一个人？习近平总书记在国企党建工作会议上讲，“对党忠诚、勇于创新、治企有方、兴企有为”，这是大政方针的要求。对企业内部来说标准就更多了，包括学习、激情、团队、创新、敬业、廉洁，每个人都会说出不同的东西。标准有什么用？我认为有两个作用。第一，选人时有一定依据。每个标准都可以打分，比如是否诚信、是否有担当，从 1 分到 10 分打分，如果大家都是这个看法，就有一定的准确性在里面。第二，如果不断推动这些标准，让大家觉得这个标准是企业追求的、是企业推崇的人，那么大部分人就会去效仿、学习，这个标准慢慢就会起到作用。

我认为企业经理人 70% 是天生，30% 是培养出来的。只有他的性格特点里面有这些特质的人，才能被培养出来。对我来说，最难的是把管理者换掉，任命的时候要谈话，换掉要说对不起，我比他还难受。

所以，当所有理念性、政策性、宏观性的东西有了以后，对人的判断就变成了最难、风险最大、收益也最大的事情。标准可以分为思想素质的标准和工作能力的标准，这个单子可以列得非常长，企业要有意识地不断去修正、完善、使用、推动这个标准，这和执行战略密切相关。

谈到标准，我以前写了一篇文章《你行吗？》，这里面写了 134 条，什么人可以当经理？什么人有资格做总经理？当时在公司里引起了热烈的讨论。

你精力充沛不知劳累吗？

你总觉得眼前的一切不够好，你想改变它吗？

你心里总有一团不灭的火要创建业务发展公司吗？

你爱观察、爱学习、爱研究，对周围的事物有深刻的认识吗？

你有科学专业的原则和精神吗？

你有科学专业的习惯和工作方法吗？

你真心虔诚地经历过科学系统的洗礼吗？

你是你这一行业的专家吗？

…………

比如说有一条“你能自嘲吗？”如果不能以自嘲的方式承认错误、承担责任，你就不能带团队。你必须和你的同事说：“兄弟，这事你做得不错，那天是我做错了，你干得比我说得好。”这样大家才能有可以继续一起工作的氛围。只有具备这些素质后，才可以尝试去做企业经理，否则不可能在长久、持续的竞争中让团队保持激情。

经理人的几个层次

企业的经理人有以下五种类型。

第一，守业型。守业型的经理人喜欢管大公司，好像他天生就是当官的料。他也有职责，朝九晚五，对人也不错，不贪污不腐败，什么会都开，发言按稿念，都挺好，没问题，守住规模了。但是守住就是落后，因为别人进步了，市场进步了。

第二，效率提升型。这类经理人在内部搞管理、改革、改善，提升效率，比如成本降低、出门记得关灯、吃饭便宜点、原料采购便宜点、产量提高、销售费用等这些他都管。这算不错的经理人了。

第三，业务扩展型。这类经理人建了新的工厂，当然也可能建错了，但是最起码有发展的欲望。经理人必须要有发展欲望，必须要有市场份额，必须要竞争。他说，“你看竞争对手那谁谁谁，又提高产量了，又投资了，人家又建新厂了，我们必须得建，我们不建就落后了。”说得对吗？很对。这就属于扩展型的经理人，没有真正对行业提升革命性的转变，但是他也在发展。如果他运气好，所处的行业是一个发展非常快的行业，比如中国的地产行业在过去 20 年，谁胆子大谁就赢。但并不都是这样的行业，也不知道哪天行业会转变。

第四，战略转型发展型。这类经理人会研究战略转型，特别是创新技术、行业转型，不断发展公司，不断有新的主意出来。我们要进入什么新行业？行业里面怎么转型？要用到什么新技术？商业模式能不能调整？是不是可以跟上社会、经济发展的步伐？当然不是只做这个，下面的工作也是要做的，包括稳定发展、效率提升、业务扩展、战略转型。在这类经理人眼中，不会做重复建设，不会打价格战，一定有创新的东西出来。这是非常难得的经理人，少见。

第五，可持续发展组织再造型。这类经理人可以发展组织，不光自己干，全组织都在干，全组织变成一个学习型、创新型、可持续发展的组织，他在或不在都可以，组织本身从精神理念到业务专长的发展都非常完善。这是更少见的经理人。

这就是经理人的五个层次，越高层次的经理人越会对企业进步带来很大的推动作用。

战略的高层级——价值创造

先说价值创造。企业存在的本质是什么？人类社会有不同的组织形式，但所有的组织形式都是为了和自然界进行物质交换，这个过程中人类的生活环境、生活水平变得越来越好。人类其实很简单，就是衣食住行。中粮是搞吃的，中化是搞用的。中化这么大的企业，从事石油化工，有炼油厂，从原油进来，到化工品出来，有物理反应、化学反应，最后生产出一片塑料膜。中粮出产两只鸡，中化把鸡包起来，一点不复杂，最终还是关系到生活。

人类社会的发展，最终就是为了让生活更好一点。这个过程中最难的是效率。我们20世纪70年代末上大学的时候，为什么买个鸡蛋那么难？为什么今天的鸡蛋不值钱？不是钱多了，而是鸡蛋多了，养鸡的多了。为什么养鸡的多了？因为效率提高了，整体社会物资供应提升了。这种效率的提高，是通过企业组织形式来实现的。企业的效率不提高，人类社会就没有财富形成，财富形成过程就是价值创造的过程。

价值创造在企业里的实现有很多方式，最大的是体现在资本市场和市值上。比如亚马逊连亏20年，最近刚刚盈利，变成全美市值第二、第三大的公司，市值大约5000亿美元。它亏损那么多年，怎么会有5000亿美元的市值呢？因为它创造了价值，改变了商业销售模式。比如Uber一年亏一二十亿美元，但它的市值已经大过了通用汽车。再如Airbnb是做共享酒店的，做了五六年，已经超过像希尔顿这类上市公司的市值了。为什么？价值创造。什么叫价值创造？人们认为这个东西是未来趋势性的、改变人类生活方式的商业模式。

再说企业的价值。过去，对企业来说价值创造包括交易价值、生产价值、资产价值、投资价值。目前来看，这些都不叫价值创造。价值创造是开辟一个产业、行业，改变一个行业的规则，同时形成新的商业模式或新的业务，最终这个商业模式被投资者、资本市场、消费者所接受。大企业里面有没有创业者？有没有做价值创造的人？现在大家说 BAT（百度、阿里巴巴和腾讯），为什么这三家公司都被外国人投资了呢？为什么都在中国境外上市？国内 A 股市场还没有这么大市值的公司。当时价值创造的战略眼光在哪里？

所以，组织、企业特别是国有企业的难点，在于让大家去认可、鼓励和支持价值创造。国有企业能不能创新？能不能形成价值创造的过程？在整个价值创造过程中，从起初的概念提出到过程中的艰辛和挑战，我们用什么样的文化、理念、组织制度和机制来保证这个创造过程？如果没有这个过程，怎么做企业？怎么创造价值？否则，国家给了你 1 万亿元资产，搞了 10 年还是 1 万亿元资产，但对手变成 10 万亿元。

什么样的组织人事工作能够激发创造性？这应该成为企业组织人事工作的目标。当然，这对于企业很难，因为任何创造一个新东西的投资一开始都不能被证明是对的。高层次的公司价值创造过程，要有真正良好的企业团队、组织文化、理想信念和对战略的深刻理解来支持。在过程中如果有人，特别是领导层的人，不断从根本上提否定性的疑问，不断推卸责任，说“我看这个东西不行”，那结果就是真的不行。经济就是这样，不像天气，如果都觉得股票要升，它就会升，因为大家都去买。企业也是一样，价值创造需要团队努力，齐心协力去推动，事就成了。如果大家都怀疑，就真的做不成。只有坚定地支持战略创新、战略进步的组织，才能不断在组织内部产生出很多新的产业。

高层次的价值创造，需要大家都知道、理解、鼓励创造新东西的过程。这里包括体制机制、企业文化、财务资源、技术资源、团队资源，这些必须合在一起。企业是浑然一体的，不太可能某个地方很好，其他地方很差。过去我们看一家企业墙上的霓虹灯掉了一半，问什么时候掉的？回复半年前就掉了。我们就判断这个企业不是好企业。厕所脏了，不可能是好企业。食堂不好，不可能是好企业。设备上面很脏，不可能是好企业。所以，如果企业的团队组织、理念文化等不好，不可能创造新的东西出来。

五步组合论

五步组合论我用了很多年，是公司管理的路径和逻辑。刚刚我说企业是浑然一体的，但在 MBA 课程里面，就变成战略、财务、人力资源、市场营销、成本会计等不同的课程，没有把企业管理中的逻辑关系讲清楚。就是：成本和战略什么关系？人和战略什么关系？团队和成本什么关系？技术和团队什么关系？通过五步组合论，会发现原来企业是这么循环的，有逻辑关系和前后路径。当然这种循环是动态的，同时大循环里面还有很多小循环。

第一步，选经理人。企业里包括所有制、股权结构、股东价值取向、法人治理结构、公司董事会、企业目标 / 使命、社会环境等，几乎所有活动最终的决策就是企业负责人。但是企业负责人最大的决策，就是以股东的价值取向和偏好，通过董事会选出经理人。把人选出来，我认为基本上 80% 决定了企业命运。你在办公室，打了几个电话，把经理人定下来之后，后面所有的事全从这里开始。

第二步，组建团队。选出的经理人一定要有比较强的组建团队的能力，也要给他一定的发挥的余地，否则做事情就会有借口，动力就减弱了。

第三步，发展战略。为什么战略不是初始就有的？因为团队是初始的，只有好团队才有好战略出来，战略不是天上掉下来，不是某个人定下来的，一定是有机、协同、充满活力的团队把战略制定出来。

第四步，形成市场竞争力。MBA 的课程 90% 都在讲这一块，包括产品、技术、成本、价格、市场、品牌、人才、资金、营运、风险等。

第五步，价值创造与评价。企业是有多重目标的，包含了企业本身、社会及党领导下国有企业属性带来的目标。此外，股东、员工、客户、合作伙伴、公众、资本市场……这些目标都要平衡起来。对企业的评价不是单一的，也不仅仅是财务评价，而是从政治、经济、社会、客户、人文都有评价，从中才能整体看出这个企业算一个好企业或者不好的企业。

这样又回到了第一步，对经理人或者团队的评价——是不是做得好？应不应该继续做下去？一旦换人，循环就又开始了。这个循环过程中的每一步都要走好，因为是乘数效应。经理人做对了得 1 分，如果做得不好得 0.5 分，后面所有的就都错了一半。如果到了团队再错 0.5 分，到发展战略就成了零点零几分了。所以，企业循环过程中做到均好，才能把战略和组织协同起来。

（2017 年 8 月）

五个环节看懂中国企业

企业这种组织形态是人类社会里，特别是现代社会中最重要的组织形态，人类所有和自然之间的交换、谋取生存资料的活动，都是通过企业来进行的。

最近我说过，国家是企业的国家，城市是企业的城市。当年日本首相访问美国时受到热烈欢迎，他说，因为他左脸贴的是索尼，右脸贴的是丰田。几年前我去西雅图时，这个城市本来没有什么历史和文化，也没有多好的地理位置，可是现在发展得很好，波音、微软、亚马逊等公司都在这里，房子非常贵，人也非常多，变成了一个创业的城市。

而在今天的中国社会，企业这种组织形式，包括国有企业、民营企业，没有受到社会足够的重视，反而受到很多误解和错误的评价。中国的一些企业家总上娱乐版面，但是企业家的企业到底做得怎么样，老百姓不知道，也不在意。老百姓往往认为企业是积累财富的手段，认为无商不奸，不用说得那么高尚。所以文化的矛盾就在这里，在中国的这个情况下，企业本身变得没有那么重要了。

今天我们说国有企业改革，首先是处在这么一个环境之中的，也是受这个环境影响的。

中国的国有企业走到今天，在当下经济中发挥作用，是从历史中逐步演变而来的。中国国有企业在整个中国的经济体系中，稳定了五千万就业人群，也带来了大产业的稳定，服务水平我觉得是还可以的，公平一点说，国有企业的进步是非常大的。

国有企业自身并不是一个摧毁价值的组织，它会创造价值，也会提供环境。从政治角度来说，国有企业和国家、民族的历史是关联在一起的，是制度稳定的一个因素。今天说国有企业改革，目前来看可以用多种形式来做，但是国有企业本身的存在价值和它的作用，我觉得首先应该要得到承认。

但反过来看，国有企业什么问题都没有吗？问题确实有。这些问题怎么去改革？实际上我们过去探索了很多。改革开放以来的40年，经历了很多阶段。最早的发奖金、多劳多得，把国有企业推进了一步；企业自主权，又推进了一步；厂长负责制，再推进了一步；再往前走，开始做资本市场、上市了，有现代企业制度、股权激励……有效率层面的、成本层面的，有属于治理结构层面的，有资本市场层面的……进行过很多改革。

现在，我们开始说混合所有制。过去仅仅改效率、治理结构、短期的激励，现在要改到所有制上，改变国有企业的实现形式。这并不是说国有企业就没有了，混合所有制是国有企业实现的一个主要形式，它变成了有不同所有制的，有国有企业、有民营企业、有私人、有员工的这样一种混合所有制的动力系统，这个动力会比较长久。

企业的动力系统，最早是钱的问题，好好干，发钱给你。再深入，就有组织动力系统，有组织的荣耀感、职业感、进步感。先有钱，再有荣誉，还有精神。20年前的一本书《基业长青》中说，一个好企业一定是有一个类似于宗教系统的企业文化和信仰，用这样一个组织架构、所有制形式，把这个动力系统维持得更久，不断去激励、产生出新动力。

我给大家带来一个模型，它比较适合我们对中国企业的认识，包括国有企业和民营企业。我们在做企业管理系统改革的时候，会有五个逻辑关系在里面。

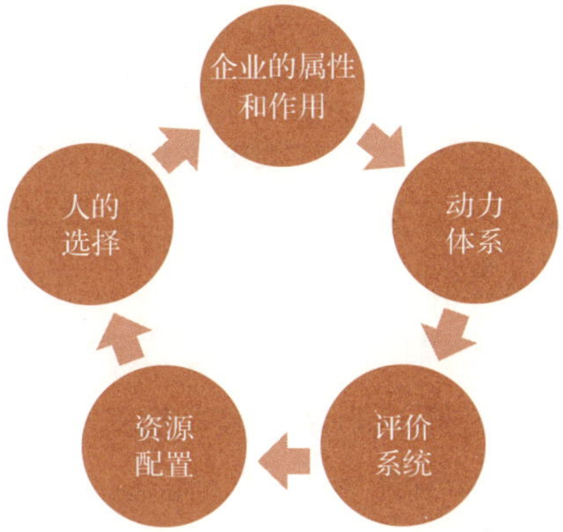

第一个是企业的属性和作用。在社会上，企业家变成了一种财富、娱乐、奢侈生活的象征，他的事业重要性、他对社会的推动作用反倒不去论述，基本上最后都变成了负面评价。企业，首先是现代社会中最重要的组织形态，它有组织属性，有社会作用，而不是去关注谁捐钱了、谁捐得少了，关注谁有钱、谁是首富。

第二个是企业用什么样的体系来工作，也就是动力体系。中国人习惯把做企业说成做买卖，这个思维比较短线，也影响到动力系统，一定程度上解释了中国人为什么不爱做科研。中化集团现在提出了科学至上，我们希望把中化集团变成一个由科技驱动的公司，科技创新在公司里起到重大战略的决策和推动作用，尽管这可能需要十年，甚至十年都不一定能做到。

国有企业目前对企业的属性认识还不深，对企业属性的不同认识会导致动力体系不断变化，财富、精神、名誉、职业性、科技等因素都会驱动企业走向不同的方向，这就造成了动力系统的不断变化。

第三个是评价系统。评价系统在不断地改变，而所有企业的改革基本上都要建立在这个评价体系之上。科学地评价太难了，数该怎么算，该如何对数做出解释？在企业里，每年到最后做评价的时候肯定得吵架，大家吵得面红耳赤。应收款的拨备、折旧的提取到底怎么做？税到底怎么交？这里没有百分之百的标准，这时候评价系统就来了。如果对企业属性的理解不对，就会带来评价系统的问题。

对战略的评价、对创新的评价、对品牌的评价、对技术积累的评价，因为企业属性的不一样，做出评价标准是很难的。如果简单看一个数，一年赚一二百亿元，大家会说那还不错啊，但是里面包含的东西，没有人去看清。

评价往哪里走，人就往哪里走。评价系统不一样，带来了经营的不一样、投资的不一样。如果今天我们说要去做一个研发，研究五年，要请 500 人，每年会亏 10 亿元，这个资源配置在目前几乎是不可能的，没有人可怜你，因为你没有创造价值。而只有完善的评价系统、清晰的评价标准，才能实现对企业经营管理和组织人事的科学评价，从而推动资源的有效配置。

第四个是资源配置。资源配置包含很多因素，其中人力资源的差别最大。人，几乎是整个产业里能动性、伸展性最大的一个元素，也是成本最低的一个元素。同样的机器，不同的人来用，结果就不一样，带来了资源配置的不同效果，那么评价、激励、培养等问题也就随之而来。其中，选择怎样的管理者是企业中最有力和最立竿见影的信号。

现在我们对什么样的人适合做 CEO（首席执行官）、什么条件可以做 CEO 的认识还有很大差距。因为在同样的环境下，同样的国有企业或同样的民营企业，为什么会差别很大？同样的环境、同样的资产、同样的时间、同样的企业性质，为什么会差别很大？恰恰在这些问题上，我们没有很好地去总结推广。这又回到了开头说的，因为人们对企业的属性并不在意，对企业的重要性并不在意，对企业的创造性并不在意，特别是对企业应该完成的任务、发挥的作用，以及企业应该做什么，并不是很在意。能稳定就不错了，至于企业搞得好不好，可能只是做了 30 页的报告，可能报告里面的数字还有假的，这让整个评价系统也模糊了。

第五个是人的选择。我觉得我们要真正对人做出评价，要承认人是不一样的，承认人的工作是不一样的，承认有的人适合做企业家，有的人适合做管理者，有的人更适合做具体事，这个必须要承认，这是对社会的负责。但是有的时候我们不愿意承认，我们觉得谁都能干。

如果在北京的大街上你随便问一个人，说协和医院缺一个主刀的医生，你敢不敢干？这个人肯定说不敢干。那我们说缺一个企业家呢？他可能觉得这个也许可以试一试。

所以对于人的选择，根本上也要回归到对企业属性和目标的认知。这里是一个综合作用，五个环节环环相扣，会不断地循环。

当然，循环也是会进步的，我们不能太着急，大家要有信心。只要稳定发展，中国总会发展到更好的阶段。现在中国人不会做芯片，但总有一天会做。有人说要成立国家基金做芯片，实际上放手给市场就可以了，一定会做出来的，一定会发展到成熟的阶段。中国企业一定会成功，国有企业改革也一定会成功，我们正在逐步加速。

（2018 年 7 月）

几种管理方法

今天我主要讲一讲6S体系，我希望利用这个机会跟大家交流一下，不讲明年盈利是10亿元还是8亿元，明年要投多少钱，做什么新的项目，明年不良资产怎么样处理，而要讲讲我们是什么人，我们要做什么，我们想有一个什么样的生活，我们目前对企业满意不满意，这个企业和我们是什么样的关系，企业战略和企业发展与个人家庭是什么样的关系，我们是什么样的组织，我们想要什么样的生活，等等。我们如果找不到工作的意义，只说目标，只说要求，不说原因，不说动力，组织就没有力量，我们就没有共同使命。

我觉得每个人应该很快乐，每个人都应该有非常体面的生活。大家一听“体面的生活”很激动，这个词也用了很多年，我们是不是做到了呢？组织给大家提供这个东西了吗？职业发展了吗？本人发展了吗？组织健康了吗？

6S体系是我在华润集团时建立起来的，很多同事讨论，感觉非常震撼，感觉我们突然找到位置了。怎么样做呢？这就和企业使命联系在一起了。每一位员工和企业使命是吻合的，企业有好几重的使命，有社会的，有客户的，有员工的，还有股东的，能不能做到？怎么样排位？我们企业是怎么样排位的？如果这样排位的话，有使命往下走，就要有战略。先要有战略定位，然后有资源配置、组织架构、企业经营，以及经营的竞争力、结果、方法。最后得有一个经营的业绩，业绩也得有一个评价，评价有一个分配。评价和分配又回到上面的问题，有没有达到自己设定的目标，没达到你可以换到其他地方，可能企业不适合你，也可能你不适合企业。

企业本身是一个生命体，是浑然一体的生命体。企业团队没有文化，没有精神，没有理念，没有信仰，短期的行为、规则、纪律的约束，是没有战斗力的。我写过一小篇文章《团队魂》，我们的队伍像太阳，我们是不是这样子的呢？真正好的组织不是很多，有信仰、使命感、战斗力、凝聚力，有公开透明、爱心、包容、公正的团队不是很多，但是企业这种组织恰恰需要这样的团队，这是我们应该达到的。

关于五步组合论

我在之前工作过的几家公司提出过“五步组合论”，被清华大学纳入其教材中。企业在管理过程当中有五个步骤，用到国有企业里面非常适用，一直用了一二十年，还是比较准确的。

第一步，选出合适的经理人。股东也好，组织也好，下面的经理也好，所有制、股权、架构、法人治理架构、企业目标等所有的东西，对企业来讲最有力的管理手段就是把人换了。企业最重要的就是人，特别是国有企业。怎么样选人呢？所有制股权架构、股东价值取向、法人治理结构、公司董事会所有的活动主要表现就是换人。人是这里面张力、弹性最大的因素。换一个人顶得上投资几十亿元。企业管理到最后也没有多少更深刻的理论，就是要承认人是不一样的，人的作用是不一样的，人的理念和管理能力是不一样的。把更好的人换上去，基本上就成了。

第二步，组建团队。每个人都在团队里面，在团队里学习、进步，包括协同力、领导力、激励。

第三步，发展战略。这里面有很多的工具。

第四步，形成市场竞争力。几乎所有的 MBA 课程都在第四步上，MBA 课程基本上讲的是产品、技术、会计、营销、成本、资金、人力资源，但是没有讲团队和领导力。

第五步，价值创造与评价。评价标准有很多，每个人都在被多重评价，道德的评价、社会的评价、纪律的评价、盈利能力的评价、银行的评价、股东的评价等。

关于人的重要性，我当时列举了134问。你想当经理就要满足这些问题。例如第1问，你精力充沛、不知劳累吗？第71问，你忘我吗？你是不是一个忘我的人？你不是一个忘我的人，你当不了经理。第72问，你做专业的正确的事情吗？第73问，你坚持持续做正确的事而不因眼前的诱惑而取巧吗？第122问，你很少怨天尤人吗？第128问，你了解竞争对手和行业吗？一共是134问，如果你都行，就可以尝试着做经理了，那还不一定做得好。

经理人也可以分为五种类型。一是守业型。给你一个楼，什么也别动，守着就行。有的人连守业都不行，越守越差，被对手超越了。二是效率提升型。提高效率，把成本降低，把员工调动得不错。三是业务发展型。四是战略型。五是自我完善组织再造型。这些是不一样的层次，我们希望团队能达到最好的层次。带的队伍很好、战略很好、组织很好，但有谁创造东西出来了呢？只是买过来或者只是建起来，没有创造，市场好就好，市场不好就跟着不好，真正的自我创造在哪里？

团队也可以分为多个层面，包括道德规范、廉洁守法、不犯错误、职业要求、专业水平、团队组织，有创新、传承等。不断传承是非常难的，每个层次都是不一样的。昨天我给中化集团的领导班子发了对通用电气现状的分析。通用电气这么好的企业，怎么出问题了呢？没有传承下去，这是不可想象的。股票从五六十块钱掉到八块钱，很多并购都错了。这个团队怎么了？通用电气有一个副主席退休好多年了，最近又被请回去，给公司做短期咨询，提供意见。这个公司怎么到了这个程度，哪个地方出问题了呢？

关于战略思考十步法

战略思考十步法也是我写出来的，后面都有工具。如果拿战略思考十步法思考你们的投资，能避免70%左右的错误。例如，第四步，形成市场竞争力；第五步，价值创造与评价。企业的核心在于回报和成长，没有这个大家就不接受。价值创造核心理念，最终还是要看大企业和小企业有没有创造力，有没有创造者，有没有创造新业务和新的增长点。投资者是永远不满足的，有好的盈利不满足，他要好的分红，有好的分红不满足，他要好的增长，有好的增长不满足，他要没有风险，没有风险还不满足，他还要和别人比，赛跑是没有终点的。

关于企业文化，企业文化是结果，不是手段。文化不好的话，就把战略吃掉，就像吃午饭一样，没有了。（Culture eats strategy for lunch.）组织出去郊游一下，那不是企业文化。企业文化是行为规范，是默契价值观之下的一种行为的统一性和认可。所谓高境界是被很多人用过的。一是把个人的目标定得高一点、远一点，对自我要求的标准高一点。二是把精神和理想的目标看得重一点，把自我提升看得更重一点。三是把组织、集体、大局的目标和需要放在更重要的位置。四是要有专业的原则性和正义感。五是要坦率、真诚。六是包容和信任，以信任自己的态度信任别人，以坦诚的态度影响别人，要感恩社会，用欣赏的眼光看人，有为公司作贡献的信仰。七是要相信科学的方法。八是勇于承担风险和责任，中粮集团讲高境界做人，专业化做事。文化不能要求，只能启发和提醒一下，起不到作用。只有当大家看到按照这个组织文化这样做的人得益了，这样做的人被重用了，这样做的人是你的英雄，这个文化才会形成。

企业文化有几个层面，企业文化是不断在公司里形成的。一个人见面三句话就能知道他是哪个企业的人，知道他的工作的作风、对生活的态度、讲话的方式及对专业的了解，知道这个人是被哪个公司训练过的。我高兴地看到，不管是华润集团的也好、中粮集团的也好，包括中化集团的也好，当人被训练过以后，实际上离开这个公司的时候，被社会接受的程度是很高的。不单单是因为有技巧，更因为有规则和文化，文化在这个阶段变得稳固了。

关于 6S 体系

体系是稳定与动态的统一。6S 体系是一个框架，有其自身特点。公司得有体系，运营得有体系，财务得有体系，纪检得有体系，党的建设得有体系，都是一个体系一个体系地来，体系之间是互相配合和互相起作用的，不是你争一块我争一块的。我们能够清晰地描述公司有几个管理体系的时候，公司就基本上到了管理比较有序的阶段。

所有的国有企业，甚至所有中国的企业和亚洲的企业，在历史发展的过程中有意无意地都变成多元化的投资企业，怎么样管理呢？靠一把手一个人肯定不行，靠每个单元单干就乱了，越搞越多，多元化反而变成罪大恶极的东西。例如通用电气，今天有人批评它的衰落是因为多元化造成的。

我是在华润集团当总经理的时候提出的 6S 体系，应该是在 1998 年年底和 1999 年年初，差不多是 20 年前了。之后，我就一直用 6 个系统来管理，基本上是围绕着运营系统和管理系统来做的。回头来看，6S 体系使得华润集团从当时 400 亿～ 500 亿元的资产发展到今天 1.3 万亿元的资产，从盈利不到几亿元发展到今天盈利 600 亿元，基本上没有产生大的战略性风险，负债比例基本没有上升，每年都是在积累、盈利、并购。我在华润集团的时候，有几百起并购，现在有上千起并购，大大小小的，不同的产业非常多。做电力、卖啤酒、做地产、做金融、做水泥等，别人都说华润集团为什么做什么成什么？万科都说是华润集团培育了万科，因为华润集团给它提供了一个环境。万科从只有 20 亿元的销售到 4000 亿元的销售，投资 12 亿元，卖了 460 亿元。为什么呢？在这个系统下进行管理，时间越长，越起作用。

这是什么系统呢？

一是战略管理体系，我当时称之为业务单元编码体系，每个业务单元做一个战略定位。这个体系包括选择商业模式竞争的要素、路径，战略回顾和定位。这是战略体系，需要不断地反思，战略职能在哪里？例如橡胶轮胎，战略职能在总部还是在橡胶事业部，还是在倍耐力公司？战略怎么样发展呢？股权怎么样处理呢？未来要不要做，做多大？除了每天经营以外，还有战略系统是如何定位的，每年都必须要回顾。我觉得四五年就要有大的转变，否则企业就出问题了。

二是全面预算体系。核心不在于数字，而是在于过程，在于预算体系是怎么样形成的。预算体系实际上是从市场开始、从下到上的，而不是从财务开始做预算的。

三是管理报告体系。一说到公司，有摊销、折旧、拨回、投资失误、核查因素等，要变成当期、主业、运营、可比、比标杆、管理报告体系。

四是内部审计体系。保证数字的准确性，即数字和经营的准确性。每个人都会用不同的财务方法及不同的会计方法，把数字修饰一下。虽然不算是撒谎，但有的时候不往里写，折旧政策也不一样，摊销政策也不一样，应收款处理方法也不一样，库存方法也不一样。我们就是要消除这些东西。

五是业绩评价体系。只看盈利多少就错了，就出问题了。要看这个企业处在什么样的阶段，处在什么样的区域，处在什么样的行业，有什么样的战略要求，要重新评价它是否正确。亏损的不一定比赚钱的差，我曾经说了好多年，有好的亏损和坏的盈利。别看盈利，马上出问题；别看亏损，明年就好了。战略是不一样的，也需要做一个判断、评价。

六是经理人考核体系。就是团队评价和经理人评价，前面讲了几个层面，都是可以综合起来的。

我想说的是，一个公司从它的使命、它的人，到它的战略，工作的方法，再到每个业务的评价，要符合国家的使命、党的要求、产业的要求、民族发展的要求。一路理下来，才知道我们要做什么。如果我们做不成好的化工企业，我们做不成一个国际化的、综合性的、有技术的化工企业，而且回报率很低，那么我们如何完成国家的使命？又如何满足自我发展的要求？战略做好了，经营做好了，企业发展了，行业领先了，有研发、有投入、有创新了，才对社会有贡献。社会对中化集团的评价，不是债务太高了，或者出安全事故了，而是创造了很多新的东西出来。

我理想中未来用什么样的理念，什么样的使命，什么样的观念，什么样的管理方法，什么样的团队理念，什么样的评价标准，什么样的发展前景带领大家，和大家一起组织团队，一起达到这样的目标，达到真正的不单单是在业务发展、产品、技术、团队、理念、价值观上，在整个团队健康成长上都非常阳光、快乐，而且使每个人都能得到整体的组织发展带来的好处。

（2019 年 1 月）

全新的创业征程

这次开经理人年会大家都很高兴，和以往比，这次会议参会人数是最多的，发言数量是最多的，得奖的人数也是最多的。更重要的是，这次是“两化”[1]在一起开会，并且和谐融洽的程度超出预期。世界上任何公司的融合都是困难的，包括一些老牌的跨国公司，其融合的过程都会遭遇很多问题，既有技术问题，也有胸怀问题。但是，“两化”的同事的胸怀非常宽广，对未来充满信心，愿意在发展的大潮中一起努力拼搏。两天多的会议，大家充满热情、积极参与，让我感觉被驱动、被鼓舞。由此，也可以看到这个公司背后冉冉升起的力量，并且还会继续向上。

刚才的短片把会议过程回顾了一遍，我相信大家和我一样，挺怀念这个过程，看到某个人或者某个场景的照片，也许会会心一笑。我希望，下次开会把这次开会的照片放一下，看看去年开会取得了什么成果，看看当时我们是一种怎样的心态，沿着历史往前走。这样可以看到公司进步的过程，要把它变成未来的一个传统。

不断追求进步是人类的主要特征之一。自然科学不断进步，与百年前相比可谓天壤之别，但社会科学进步起来就很慢，也不太容易继承。我们这个团队应该有继承、有进步，将所有力量融合到团队中。只有这样一代代继承下来，公司才能一代代进步，这一点非常重要。今天的会议是一个很好的开始，希望在此基础之上我们逐步去进化、去进步、去创造，我们的团队、业务会变得越来越好。

① 注：两化指中国中化集团有限公司与中国化工集团有限公司。

有时候业务进步了，团队中的人不一定跟得上。因此，人全面自由的发展是我们的目标，我们要跟随业绩进步的步伐让自己变得更强大。下面，我从八个方面做会议总结。

我们创造

我们在创造一家全新的公司，这是我这两天强烈的感受。这个公司过去世界上从未有过，没有这样跨行业、跨区域并处于中国目前经济社会发展阶段中的一个公司。当然，每个公司都有历史，都有其特殊性，但“两化”有各自发展的历史，也有各自的资产、团队、文化和优缺点，这样的合作是没有过的。我们在创造一个公司，这种创造对国家经济，对我们所处的行业，都非常重要。相信在五年或十年后，一定会有人记得我们今天做了什么事情，我们一定要做好。同时，我们在创造一个全新的商业模式，这个模式是过去没有的。

当然，我们也在创造新的团队、新的文化和新的技术。我相信，不仅是我们，未来五到十年中国也一定会有非常多的新技术出来，因为技术创新、研发探索型的公司越来越受到认可，而过去那些大宗商品、以量驱动的一般业务都会遇到问题。因此，我们要在几个核心主业领域创新创造，让每一个创造都在行业里举足轻重。

这是一段光荣的征程，我想想都很激动。这个目标宏大而有意义，同时也是经过努力可以达成的。所以，我们不仅是在继承传统，而且是在前人的基础上创造。反过来说，如果我们不创造，那么也会把前人的基础毁掉。今天，我们就处在这样一个发展的路口。

中化集团和中国化工都有不短的历史，但是我们往前走，可能就要变成一家创业型的公司了。我们今天处在创造的过程中，这不仅要求我们，也要求大家，要求整个团队进入创业公司的状态。我们得有创业的动力、创业的决心、创业的心态，还要创造出一个创业公司的体制和机制。

如果不能克服国有企业的问题和毛病，就无法应对当前的局面。下一步，我们要抓紧推进所有制和管理机制的调整，更好地适应行业竞争环境。这将给我们，尤其是年轻人，提供一个千载难逢的、可以在体制内创业的平台。大企业有没有创造者？老企业有没有创新？体制内可不可以突破？面对的问题必须解决，我们的心态必须调整，不这样做就达不成战略目标。这就是我们今天面对的，相信大家从会议上也能感受到。

毫无疑问，我们是一家党领导的国有企业。在这个基础之上，我们也一定会变成一家主业清晰，聚焦于新技术、新产品的化工企业。这个化工企业是综合性的，涵盖化工不同领域，在规模、盈利、国际化、创新发展等各层面上是世界一流的。同时，我们应该是领先的，在基础层面、管理方式、股东组成等各层面都是领先的。我们一定可以创造出一个状态更理想的企业出来。未来，我们会变成一家科技能力很强、不断地创造新物质出来、成为高通量创新机器的企业，我们有这样的潜力。

我们希望在体制改革中引入多种激励方式，把公司整体目标和员工连接起来。同时，各个层面都可以尝试开展混合所有制改革。混合所有制改革之后的投资控股公司，在股权架构方面国有股份减持，体制上进行改革，业务上更加聚焦，整体规模更大，市场竞争力更强。

最终，希望公司变成一个拥有高尚理想、受人尊敬、有利于人类福祉的公司，促进石油化工、农业、环境等各行各业的发展。公司将承担更大的社会责任，拥有更好的社会形象，成为一家令人骄傲的公司，这是我们的长远目标。这个过程正在开始，我们正在迈向一条伟大的征程。

崇尚科学至上、知行合一

在这两天的会议中，大家不断重复、不断强调、高度认可和崇尚“科学至上、知行合一”，我们彻底找到了公司的本质动力和本质责任。

公司的使命是什么？不论是国有企业还是私有企业，或是处在什么行业，我非常认可彼得·德鲁克的一个观点，公司作为一种社会组织，其存在的最根本任务之一就是创新。即使你是一家自来水或煤气公司，自来水和煤气也得搞创新，如果你仅仅提供机械化的简单服务，那么这个公司就没有存在的必要，因为这个职能，政府或其他社会组织也可以做到。

创新远远超过了一般的效率概念，不是简单地削减成本，或者把事情做得更有秩序、更有条理，创新是调动、启发每一位员工，通过创造性的思维和实践，与自然界进行交换，以此来不断开创人类生存和生活的新领域、新方式。化学，是唯一一个可以创造新物质的行业。我刚到中化集团时，听到这句话非常激动，沈阳化工研究院 70 年院庆时，我写的就是“科学至上，创造美好新物质”。

站在公司的角度，我们要做业务、要销售、要赚钱，这些与我们的关系更加直接。但从更大的视角来讲，我们要看公司在社会里所起的作用，以及对这个世界所起的作用。中国化工有一句口号是“化工让生活更精彩”，如果因为我们，世界变得更美好了，我们就成了一家更加高尚、更有人文关怀的公司。

通过创新、创造，新技术、新产品被不断研发推出，在生产服务里占的比例越来越大，这才是公司的未来，没有其他出路。过去这几十年，我们通过重复劳动、规模化就可以生存，但现在肯定不行，那个时代已经过去了，未来是一个崇尚科学的时代。我记得我考大学的时候，大家相信的是“学好数理化，走遍天地都不怕”，崇尚科学，到后来开始崇尚富人，再到今天，我们又开始崇尚华为这样的企业，兜兜转转又回来了。我们从商业的本质看到社会的本质，最终转到对科学技术本身的推崇。

当然，只有认识没有用，下一步还要落实。我们要通过什么样的组织架构、运营模式、激励方式，使得公司成为科学技术驱动的创新平台公司？未来公司的战略、投资、对人的使用，以及整合发展的方向，要有更多懂技术、有前瞻视角的人来决定。公司通过科技进步，推出新的产品，占领新的市场，客户受益、社会受益，这条线必须打通。

我们必须改变这样的观念，一说科学至上、研发创新，就给研究院、研究人员发奖励，这个怪圈已经走了几十年，还没有走出成果来。我之前说过，要搞科学至上，要搞研发创新，就必须要改变整个公司。如果一个人要做创新，市场不同意、财务不同意、销售觉得不好卖，每个部门都有各自的理由，公司又要马上赚钱，这样一来还是没有结果。先正达每年投入十几亿美元的研发费用，现在的盈利都是此前研发投入所带来的，它今年想多些利润其实很容易，把研发费用减少一些就行了，但这是不可持续的，那就不是先正达，而只是一个工厂了。

我有一种感觉，现在我们的研发，包括研发管理和研发结构都没有做得很好，钱没用到刀刃上，管理过程有很多问题。我在沈阳化工研究院说，研发人员同样要调动起来，公司要激励，研发人员也要努力有贡献。研发创新是一个系统工程，人员能力素质要继续加强，研发目标要更加集中，研发管理还需要重新设计，这将是一个很长的过程。

在中化集团和中国化工的几个研究院，我都讲了同样的观点。由研究院所向产业转型，有很多成功的案例，但从研究院所转成大产业不容易，从技术转向市场不容易，从军工转民用不容易，从一个研究人员转向商人不容易。最终，大部分转型的结果是，变成一家规模不大，自己能生存、能生活，却很难有大进步的企业，这就是我们今天的现状，大家很努力，也做出了成绩，但离我们想象和期望的还差一些。

当然，在昨天颁发的各个奖项中，我也比较明显地感觉到，研究人员、技术人员获得奖励的比较多，可以看出公司对他们的重视，希望他们做得更好，这也表明了我们“科学至上、知行合一”，以及用科学技术推动公司进步的态度，在加大对科技的投入、倾斜和支持方面，我们已经形成了共识，这点很好。

协同创造新的商业模式和产业链

协同，从上次“两化”一起开会起，就已经变成非常重要的题目。当把两个团队放到一起，也许就会发生一种“化学反应”。这次会议，很多人谈到协同，它已经变成大家认可的一个词。

中国人一直在多元化和专业化中纠结，多元化企业的毛病就是业务多样、管理难度大，每个业务都形不成市场核心力量，容易被各个击破，小舢板绑在一起成不了航空母舰。多元化企业，究竟算折让还是溢价，关键在于协同，业务协同、财务协同、文化协同等。到今天，多元化又开始盛行，如腾讯、亚马逊、谷歌，他们做送餐、也搞云计算，做金融、也搞物流，看似非常随意的投资，业务无所不包。为什么他们又可以做多元化了？我认为，一是数字技术的进步，使管理技术大大提高，包括信息的收集、数据的传输、管理的决策效率大大提高；二是这些企业大部分业务是有协同的，数字技术带来新的协同方式，看着可能没关系，但送货和云计算、金融和电商其实是有联系、有协同的。

化工行业的特点决定了它更需要协同。作为一个化工企业，做一体化、产业链上下游协同是我们最基本的商业模式，也是将这些资产放在一起唯一的道理，其中逻辑就是一体化使效率提高、成本降低、创新增强，离客户更近，客户收益更大。

协同的力量有多强？它将远远超过我们今天的预期。也许未来在大型产业园区里，我们将用新的技术和产品与全球市场联系，产业链的上下游，从市场研发到生产销售紧密贯穿在一起，畅行无阻。也许我们可以通过网络集聚大量贸易商、供应商，凭借我们对专业领域的洞察、对客户的深入了解和财务能力，给他们提供金融服务。

我鼓励大家去进行更多的协同，也希望将来有个协同奖，大家只要能说清楚这项业务是因为协同带来的价值，公司就给予奖励。当然，协同也不全是好处，也会带来一些问题。例如，协同强了，都靠内部，市场竞争力不强也不行；内部协同做得不好，利益分得不公平，大家积极性受到挫伤，也是问题。总体来说，我们内部问题内部解决，对外要让客户感觉到我们是一体化的、强有力的公司。

对标要真实、准确、系统

对标工作说了很长时间，也已经做了很多推进，下一步还要继续加强。什么叫对标？简单说就是谦虚点，向别人学习，这也是我们的一个基本态度。要永远处于一种学习的状态，找到别人好的地方，并且这个学习不是笼统地学，而是系统性地学。

业绩评价必须有一个标杆。例如今年卖了一百亿元，那要对比一下，行业标杆卖了多少，他们为什么卖那么多？另外，关于战略、资产、技术、产品，也要进行对标，思考下一步应该怎么做。

我们必须把自己放在全球性竞争和行业进步的雷达之中。不可以跑出这个雷达，在这个行业里自说自话、自娱自乐，一抬头，别人已经跑很远了。也不能只在内部进行总结和协同，自己觉得挺高兴，过了一两年发现别人已经做得比我们远、比我们好，那问题就来了。

我们需要详细地将对标分为社会、客户、员工、股东四类，然后把每个分类中的每一项指标都详细地定下来，哪怕定了一百条、二百条，在对标中每个指标都要逐项去对。例如环保指标，我们要把整个 HSE（健康、安全、环境）的详细指标做出来，每年去对标，自己去检查。

化工行业的健康、安全、环境因素，也就是 HSE，在未来十到二十年一定会构成行业中最核心的竞争力。HSE 做得不好，政府不会接受，社会也不会接受，品牌和信誉也建立不起来。近些年来，中国的化工行业出了一系列安全问题和生产事故，导致一些人“谈化色变”。安全是我们的底线，没有安全，我们的事业就没有任何起点。安全是天，安全是地，安全是我们整个生命。

在财务对标方面，我们不仅要对营业额、盈利进行对比，还要对毛利率、回报率、增长性进行对比，提高后面这三条不容易。技术含量高、独特性强的产品，毛利率就高，如果有成长性、可持续，那就更好了。除了纵向比较，我们还要横向对比。

对标要有真实性、准确性、系统性。我们需要全面对标，知道自己的不足，并找到行动方法，这是我们对标的基本理念。接下来，我希望对标工作继续落实，一项一项逐步推动，例如 HSE、研发、品牌，都可以做对标，明年开会可以再做总结。

改革是为在国有企业属性下无限接近市场化

改革的问题大家讨论得不多，但这个问题我们必须面对，而且必须有勇气、有担当地面对。

改革不是为了我们自身，而是为了未来，这就要求用很好的方式方法去推动改革。不是说改革永远在路上，而是要改到一定程度，要在坚持国有企业属性下无限接近市场化，如何把握这个度还要继续探索，但我坚信可以做到。

下一步，公司要推动全体系的、深入的改革。要变成一个创新型企业、创业中的企业、整合中的企业，这就要求必须改革。以后改革的形式可以多样，我们只要理性地、科学地、按规则地去做改革，一定能够找到一个照顾各方利益，同时让每个人发挥最大积极性的方法。

攻坚全年业绩目标

2019 年对我们是非常重要的一年，中化集团和中国化工都要攻坚。

为什么说 2019 年重要？因为 2019 年，业绩虽然整体来看还可以，但有些关键行业在下降。这与全球、行业的经济环境有直接关系，但全年到达业绩目标的坚定性是必须保持的，特别是不能出现对市场份额、行业地位的不利影响。

团队建设和经理人素质

这两天我听了许多发言，一直思考如何在“四好班子”的基础上，对经理人的素质、能力、态度作综合判断。这样的判断对于团队壮大以后如何更合理地用人是很有帮助的。

团队有多种类型。一是冲锋型，这样的团队往往求战心切，希望得到发展，同时也是积极向上、主动竞争的；二是智慧型，这样的团队能积极想办法，带领大家去创造；三是应对型，你提要求，我来执行，负责任但是缺乏主动创造或突破能力；四是负面型，经常闹矛盾、很松散，只顾及个人利益，做事敷衍。人力资源部可以打造一个模型，以此为评分标准，结合过去的评价办法，对员工或团队进行评价。好的团队应当担当更大的责任，获得更多的资源、更快的发展。用好的团队来带领整个公司往前走，同时也用好的团队感染相对落后的团队，形成企业文化。

团队是人组成的。在上海参加“上经论坛”时，我发表了一次题为“万物皆由人”的演讲，就是将人作为影响商业、社会的重要考量因素。通过观察，我也在逐步完善对人的看法。分享我的看法，是希望每个人都对自己有一个清晰的自知。自知是最难的事情，因为没有人知道自己在别人心中是怎样的。有位哲学家曾说过，他最想发明一面能照进心里的镜子，从而看到别人对自己的看法。这当然不可能，但也正是人生之妙。

每个企业都有一套评价干部或经理人的标准。我以前也做过这方面的功课，总结了一些硬指标和软指标，但总觉得隔了一层纸，后来隐约感觉到，理想的经理人可能是下面这样的。

一是这个人往往是理想主义的。很多人说理想主义不好，会产生很多问题，但是这个人就是比较有情怀，他认为自己对世界应该有作用、有影响。他想得比较远，但对于个人利益则看得较淡。他往往也比较忠诚，不容易受到外界的干扰。

二是这个人很有激情、很投入。他不辞辛劳，同时也很有热情，不说虚话，不会像某些人一样讲话讲半小时都没有讲到点子上去。

三是这个人很坦荡、敢冲锋、敢担当。公司里几乎每一个得奖的先进、模范，都有这样的特点。

四是这个人不算计，不太计较个人得失。试想，如果大家都在考虑开展某项工作自己要承担什么责任，没开始干就先考虑自己，事情就不好办。同时，这个人也比较乐观，能感染周围的人，走到哪里都像一团火一样。

五是这个人比较专业，具备学习和探索的热情。我不反对回家就看电视、放假就打麻将，毕竟这是大家的自由，但我认为这样的人一般不太可能取得大的成功，除非他是天才。成功的人肯定是善于思考和学习的，同时也肯定有对专业的洞察力。专业洞察非常重要，领导人对于产业规划，应当有理解、有洞察、有思考。学习有“我注六经”和“六经注我”两种方式，后者更为高明，经理人都应该具备这个能力。

六是这个人懂得尊重人、爱护人、鼓励人。这不仅仅是出于谦虚或者客气，而是能真实感觉到他尊重、爱护所在的团队，和团队有真切的情感，这是非常高的领导人素质。

七是这个人能忍辱负重。他很坚韧，经历过困难，是从低谷爬起来的。没经历过波折，很难成为好的经理人。

我希望所有经理人都能有以上这些特点。

不忘初心、牢记使命

加强党的建设和党的领导工作，同时使之与企业的工作任务、具体目标、工作要求相联系，不搞“两张皮”，不搞为学习而学习，不搞形式主义，真正使“不忘初心、牢记使命”主题教育入脑入心，这是非常必要的，并且对我们有巨大的帮助。今天，我们创造的使命是来自于党中央、国务院和各级领导对我们的要求，这样的使命现在离我们很近，也给予了我们巨大的支持。

我们的整体工作，包括业务转型、战略挑战、体制改革、业绩考核、团队建设，再到未来的发展整合，都是我们的初心和使命。今天为什么要将“不忘初心、牢记使命”作为总结？正是因为这八个字可以把前面说的所有事情贯穿起来，把我们这个团队和国家命运、民族命运联系在一起。目前，国际环境非常复杂，每个国有企业的发展成绩、社会贡献关系到国家经济能否稳定发展。

目前“两化”都在进行“不忘初心、牢记使命”主题教育，并且要进行得越来越深入，过程中也应该越来越联系实际。坚持“不忘初心、牢记使命”，真正将“两化”打造成一个全球领先的、综合性的、科学技术驱动的、能为国家和民族做出贡献的大型创新型化工企业，让我们一起携手努力！

（2019 年 7 月）

五步组合论

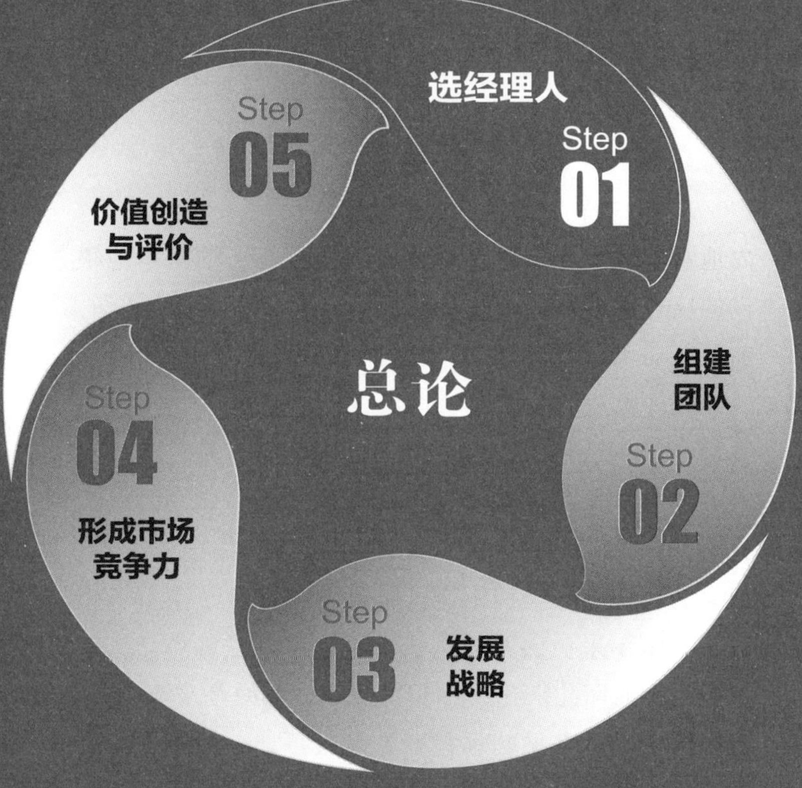
选经理人
Step
01
组建
团队
Step
02
Step
03
发展
战略
Step
04
形成市场
竞争力
Step
05
价值创造
与评价
总论

他像跳舞一样指挥乐队，指挥棒已不重要。他的舞融进了音乐，他点着每样乐器，让每个人在一首曲子中有一段独奏，他的指挥看起来是与每一位演员谈话。

陈燮阳

内地常有艺术团来香港演出，水平很高。演出本应很轰动，可在香港的反应通常有点冷清。来了，走了，没有多少人留意。

前几天，我去了中央民族乐团在香港举办的音乐会，有点新感觉。

流行音乐早已是大产业，严肃音乐本来就是艺术形式中很难懂的，西方的交响乐只能在一个小圈子内生存，中国的民族音乐能明白的人更少。我对今晚的演出没抱特别的期望。

不大的音乐厅，空位不少。前面几排好位子空着，想是门票已送出去，人家不来；后面的位子空着，可能是肯自己买票入场的人少。许多熟悉的面孔来了，互相打招呼，都说是来捧场，来支持。

演出开始，是常见的那种，先是报幕，一男一女，男的声音洪亮，女的声音清脆，客气有余，煽动不足。阵容都是大艺术家，走南闯北，见过世面，得过很多奖，有中国人给的，更有外国人给的。

曲子悠扬，功底一流，听得出内里的苦功夫。每到这时我常为一些刻苦的艺术家不平，一夜成名的人轻而易举，一生的辛苦反而可有可无。

乐队很大，有几十人，单是胡琴就两大排，人人埋头，人人用力，每个人都是演奏家，可只有一人有独奏的机会。乐声合在一起，没有人知道自己是什么声音。

民乐变化不大，听起来有些怀旧的熟悉感——《二泉映月》《茉莉花》《洪湖水浪打浪》。我闭目养神，胡思乱想，泉水还旺吗，茉莉还香吗，洪湖水我没见过，不知有没有被污染。

每段演奏都有礼貌的掌声，都有鲜花。花不是来自观众的激情，是组织者自己买来的，专门安排人送到台上。

本以为今晚就这样了，接下来一定是演出结束，领导上台，与演员握手，祝贺演出成功，然后台上合影，台下退场。

没想到节目单上的曲子一结束，台上的指挥像是换了一个人，他借着听众最后的掌声，自己开始报幕，广东话，虽然不准，台下已开始鼓掌。接着他像跳舞一样指挥乐队，指挥棒已不重要。他的舞融进了音乐，他点着每样乐器，让每个人在一首曲子中有一段独奏，他的指挥看起来是与每一位演员谈话。台上的一片“黑衣服”变活了，已不是一台音响设备，是一群生灵，有血有肉。

指挥突然又转过身来，开始指挥台下，他指挥观众的掌声，指挥观众的摇头晃脑。台下观众也变活了，台上台下这时才认识了。曲子加了一支又一支。原来民族音乐也有另外一种演奏法。

我这时才看清指挥的模样。从前面看，他是瘦弱的白面书生，金丝眼镜，头发全秃了；从后面看，他则是鲁莽大汉，因为后脑勺也基本全秃了，像是一张脸，剩余在后脑勺下部的头发则整齐地梳理着，像是连腮胡子。

这位指挥叫陈燮阳。

（1999 年 8 月）

市场的灵魂是竞争，竞争的过程是选择。

真老虎

你昨晚看《还珠格格》了吗？很多人的答复是“看了”。我昨晚在鹰君楼上的韩国餐厅吃面条，老板娘是韩国人，她也在津津有味地看《还珠格格》，我问她：“你看得懂吗？”她答道：“看得懂，我很喜欢。”

我总觉得《雍正王朝》故事也好听，演得也好看，《还珠格格》比不了。可是观众不想看《雍正王朝》，这谁也没办法，这是现实。还有一个现实就是《还珠格格》使亚视的收视率大升，几乎救了这家挣扎了几十年的电视台。你不服没用，这里目前不承认第二种判断优劣的标准。

前几天，我与电影导演滕文骥谈起《还珠格格》和《雍正王朝》在香港受到的不同待遇，他也说现在卖座的不得奖，得奖的不卖座，因为标准不同。我还记起有一次许多人围着桌子品尝几种啤酒，有位老外“专家”说，啤酒本来没有好坏，谁卖得最多，谁的啤酒最好。现在看来，我们评价事物的标准在许多时候是有问题的。

这个世界越来越市场化了，市场的灵魂是竞争，竞争的过程是选择。市场和竞争也不是完美的，可它改善了主观判断的随意性，改善了我们选择的过程。

集团最近公开招聘了机械五矿、华夏、超市和培训中心的总经理，也是想因应外部市场环境的变化，通过竞争的过程来选择我们第一线的经理人。

勇于参加竞争是可贵的素质。在吉林看到过虎园，一群貌似凶残的老虎，抓鸡都有困难了。我们企业也是一样，环境的变化使我们没有了那么多的特权，面对山高水深，参与竞争是我们生存的需要。这次有很多同事参与竞争这几个职位，我不相信他们热情背后的动机是图虚名，我觉得这一代人已变得很实际了。谁都知道这几个职位绝不代表着安逸，它们都有巨大的生存发展的压力。参与竞争的勇气来自难得的自信和自我挑战，因为他们的参与，使竞聘的过程有了超出目的以外的意义，这里形式决定了内容。这次的参与者都是很优秀的，无论胜负，我对他们都表示尊敬。

对竞聘的胜出者我不知道该怎样表示祝贺。当你们坐进新的办公室的时候，会面对比竞聘实际得多也烦恼得多的现实世界。我们最不想看到你们学美国总统，竞选完了，竞选纲领自己也忘了。我希望你们变成真老虎，大家都会看着你们。

我这几天翻了几本书，想找出企业中经理人竞聘的理论根据或成功的例子，但没找到。市场的竞争本质是人才的竞争，是指企业间的事。企业内部经理人的选择方式有很多种，内部公开竞聘是中国企业较多采用的，据说至少 15 年前我们的外贸总公司已这样做过了。选择人是很难的一件事，即使你有全方位的选择自由，环境的变化也会使选择变得不精确。但一个公平的选择过程是很紧要的，这不仅是方法，还代表着一种思想。我们的人事制度上有许多不完善的地方，这一次的公开竞聘，也算是改革的开始。希望在将来我们的人事制度可以培养出更多的“真老虎”。

（1999 年 10 月）

朋友有聚有散，几年不见，大家都各自奔忙，有如意，有不如意。这次见老金，他送我一支自己做的铜牛，我没有什么能送给他，看着老金匆匆离去的背影，我只觉得心里有一些震撼。

金志良

金志良大约五十岁了，这大半辈子他自己觉得还可以，但憾事之一就是没能调进华润。他在华润上海代表处干了两年，自己悄悄地走了。过去人们叫他老金，现在华润里头还记得老金的人不多了。

老金是个胖子，他嘴唇很厚，脖子很粗，连手指头也很粗。我印象中的老金说话声大，喘气声也大。他好像总是穿一双脚后跟已磨歪了的皮鞋，走路又快，黑黑的脸上老是冒油。老金是上海人，可我觉得他是属于南人北相的那一种。

前几天在上海匆匆见老金一面，他让我对生命的领会冲走了我记忆中外滩夜中纷杂的灯彩，好像看一幅自然天成的大风景，不过这次是一位普通人画的。老金的大笑让我再一次体会山外青山，新的一天。

第一次见老金是在七年前，那时候大家都去上海抢地皮，谁也不管在地皮上乱盖大楼是什么后果。老金不仅带我们去规划局，土地局的合同与我们想要的不一样，我们还想慢慢修改，可第二天早上醒来，才知道老金一夜没睡，他已把合同逐字改好了。临走的前一天，老金说，今晚我请你们吃饭，我没钱，只能请你们去小饭馆。我们几个人在街边小店每人吃了两大碗馄饨，一块五一碗。我现在还记得，那是我在上海吃得最顺、最痛快的一餐。

后来听说老金离开了，又听说老金自己干了。这次再见他，才知道老金这几年没白活，也没白干，虽然他见了谁都像犯了错似的客气地猛点头，可我觉得老金是个人物了。

老金自己说他做了点小生意，他又说别人都在做高科技，他不懂科技，但有点文化，所以搞了“高文化”。这个“高文化”的生意叫环境艺术装潢。他解释了几遍我才明白，如果你建了个酒店，大堂里不知道摆什么好看；如果你修了个公园，入口处不知放什么好看，你可以去找老金。老金不光告诉你答案，他还给你把东西做好，送来，摆好。

老金在这行里好像已有了点地位，上海的金茂大厦，88层，是目前中国最好的楼，里边就摆了不少老金公司的作品。克林顿来中国，收到的大礼玉玺也是老金公司的作品。上海的财富杂志500强大会搞得热火朝天，老金也没闲着，那个晚上大领导和大老板们吃饭的菜单也是老金公司设计的。老金说他现在不用太找生意，客户来找他的多，因为有了名气。老金现在雇了十几个人，还有一些专家教授听候他调遣。老金最近买了自己的写字楼，他说，生意再大点，就要开始算账了。老金也是个念旧的人，上海时代广场的办公室装修，有同事找老金搞点装潢，要老金报个价。老金说，报什么价，华润是老东家，这点东西，我送了。

朋友有聚有散，几年不见，大家都各自奔忙，有如意，有不如意。这次见老金，他送我一支自己做的铜牛，我没有什么能送给他，看着老金匆匆离去的背影，我只觉得心里有一些震撼。

（1999年12月）

你是经理人，你就要让信你的人的财富不断增加……

经理人

如果我说西方没有企业家，你或许以为我是开玩笑，可这是真的。公司制是由西方人传给我们的，可翻译西方公司制的人是文人，不是商人，文人在这里再一次给我们坏了事，让我们把所有者（Proprietor, Owner）、经理人（Manager, Executive），与“企业家”，其实应该是创业家（Entrepreneur）混在了一起。这一混，再加上我们国有企业的特点，所有者和创业家很难人格化，这几个本应不同的角色定位就不清楚了，我们许多人也就不明不白地做了“企业家”。世界上眼下大家公认的两位杰出商界人物——通用电器的杰克·韦尔奇和微软的比尔·盖茨，西方文字中最多说杰克·韦尔奇是最好的CEO，最好的商业领袖（Best Business Leader），但不会说他是“企业家”（Entrepreneur）。而比尔·盖茨，大家更多地说他是创业家（Entrepreneur），或者我们理解上的“企业家”。当然，比尔·盖茨后来自己也做CEO则是另外一种身份，是经理人，不过最近他又把微软的CEO辞了，再一次做回创业家。“企业家”一出，把三种身份搞乱了，企业就难搞了。

在我们的传统文化中，经商是很俗气的，清风明月不用钱才有意境。可今天我们又对科学技术的进步好奇，觉得科学家是有光辉的，而不知道经商的经理人也是由人类历史上两大创造而产生的。这两项创造，我想不亚于任何科学技术的发明，而且也成了推动科学进步的主要力量。这就是人类经济发展史上的有限公司制和信托制。有限公司把个人风险、个人生命与公司风险、公司生命分开，让投资者可以尽情发挥，而信托制则把有钱人也就是所有者，与有力的人也就是经营者分开，让社会资源合理地组合，这两项制度上的天才构造，不但造就了历史的进步，也创造了一份重要的职业——经理人。我看我们今天的身份不是企业家，而是经理人，是由信托而来的经理人。

人这一辈子真能自由选择的事不多，有多少人自由选择了大学的专业，有多少人自由选择了职业？有些人经历了苦难，尔后还说来世还做同样的选择，我怀疑这些话是否由衷。现在正在经商的人可能也不是生来就选了要做经理人。如果你今天真正都实现了童年时的梦想，那你的童年太苦闷了。如果你说经理人的职业像其他职业一样，首先要求的是一种人生的态度，我们就可以谈心了。

经理人的职业来自信任和委托，这其中道理很深，别人的钱财，你来看管，你来点算。这首先要有一种态度，不要把经理人与所有人搞混了，我们心里先得舒舒服服地把职业认下来，有人说什么科学搞到最后都是哲学，我看经理人首先是哲学家，人生哲学家。

经理人还得是艺术家，艺要精，要把别人的钱财看好，算好。你是医生，就要医好病人；你是律师，就要打赢官司；你是经理人，就要让信你的人的财富不断增加，否则你就不是一个好的职业经理人。

经理人也是一种商品，今天好销，明天可能没市场，关键看你本身的质量。这种市场的压力会越来越大，压力中会有不同味道，经理人要学会耐心品尝各种味道。

我去深圳的华为公司参观，回来后，脑里记下的偏没有通信，是人，二男二女，四张娃娃脸。华为不简单，听说朗讯、爱立信这样的老手也怕它，怕它什么？华为才十来年历史，员工平均27岁，我看怕的就是这些娃娃脸。他们是华为的职业经理人，他们的未来一定就是华为的未来。

未来是什么，想来路很长，但公司的未来一定是从职业经理人开始的，今年静下来我们要把这件事好好想一想。

（2000年1月）

我们最需要的是职业经理，是从脑到手的职业经理。

Pro

在成熟的人才市场，职业经理就像职业军人、职业政客一样，是社会分工体系中天然的一部分，其产生几乎全部来自就业市场的供求和竞争，没有人会着意去创造一批市场以外的职业经理出来，可能也没有企业会搞职业经理年。

其实，我认为人的品性中可教育的成分是不高的，公司的健康优良文化通过行政方式是建立不起来的。我们见到的一些好企业，其公司文化和优秀的经理队伍也不是通过某种活动而形成的，所以有人说华润集团搞职业经理年是想教育一下大家，这不是我们的原意。

华润集团所面对的现实是，我们有一个并不完全市场化的经理队伍，当然这里所说的经理队伍并不一定指有经理头衔的人。环境要求华润集团的企业文化是独特的，职业经理的素质是独特的。华润集团的经理人要在市场与非市场的交织中面对更多的观念上的问题，把我们所做的事作为一种职业来认识，用职业精神来看我们自己，这可能就会让我们明白许多很现实的道理，并不是大道理。而这些道理是存在于我们每天的生活之中的。

有时见到一些世界上顶级公司的人，我心里老是想怎么那么多能干的人都跑到他们那里去了，怎么他们的人好像个个都恰好适合所做的工作，怎么他们对所处的行业都那么心中有数，细问一下，原来他们都是专业的，是 Pro。他们这种职业的定位可能很早，开始于最初的谋生定位，而又在专业分工的环境下得到训练。怪不得美国的职业篮球队与业余球队有那么大的差距，怪不得管理理论一直强调不要去做你不熟悉的生意，其实意思是讲业余队不要与职业队去比赛。

职业经理的精神定位我想首先来自对现实世界的充分认识和文化素养的不断积累，这是扎实地从今天开始的态度。我们面对一个不断变化着的外部和内部的环境，只有职业定位稳定了，我们才可以不断地适应新环境，并努力去创造一个使这一职业发展完善的环境。

职业经理年开始，大家在讨论几个观念上的问题，尽管讨论也不会从根本上解决这些问题，但起码我们有了面对这些问题的勇气。任何一个想发展的企业都想有一个专业的管理队伍，华润集团也是一样。以前我们的业务较分散，分散了就很难专业，没有专业也很难有职业经理。今天我们想把业务重新整合一下，我们最需要的是职业经理，是从脑到手的职业经理。

有人说国有企业很难产生职业经理，也有人说海外的国有企业更难产生职业经理。我认为，我们既要承认国有企业所面对的现实问题，又要看到国有企业在改革和进步之中，职业经理的努力也是改革和进步的一部分。

我相信每一拨来公司洽谈业务的客人与我们开完会，离开公司的时候都会在电梯里议论我们，可惜通常我们听不见。客人这时说的话一般都不再客气，是真话，让客人说什么好呢？我听到过有人在电梯里谈他的谈判对手“He is a pro!”（他是专业的！），我觉得是很高的评价。希望下次在华润集团大厦的电梯里能听到客人这样评价我们的职业经理。

（2000 年 5 月）

可能这个行业没有大事，要不怎么这么点小事大家就兴趣这么大，还有人想推论出哲理来，我说没有啊，无非就是想把一个有钱的公司当没有钱的公司来管。

搬家谈

在北京回香港的飞机上看到华远房地产的迁址广告，由原来的南礼士路搬到西直门内大街，而且公司名字也要改成华润置地了。广告上有两张照片，一张是旧的，黑白的华远大厦，一张是新的，彩色的冠华大厦，也就是华润置地的新址。两张照片放在一起，代表了变，代表了迁，更包含了比变迁更深的道理。我虽然也知道公司要搬了，已准备了很久，可最终搬家的消息让我像一个一般读者一样在报上看到，心理还是别有一番滋味。我盯着这张广告看了很久，仔细地看完了每一个门牌号、电话号，因为客舱里人很少，我使劲地看这张广告看得太久，让乘务员也很纳闷。我把报纸小心地装好，向乘务员要了几张纸，想写点什么，可写不出，只写了几个字，“搬家再搬家……”

第一次到华远地产去好像是在 1994 年，当时的华远地产还没有大厦，是在复兴门桥不远处的一片平房里，是一个很朴素的公司。员工都骑自行车上班，在后院的食堂吃饭，一个部门有一间房办公。那时的公司主要搞西城区的老城改造，把老居民想法迁走，把低容积率改成高容积率，把地或房子卖给政府部门或公司赚钱。因为公司没有多少钱，钱用得也很有效率。

后来华远地产遇到了华润，是华远地产改变发展路线的开始。

华润与几家海外股东一起成了华远地产的大股东，一下子会议室里多了外国人，公司想的多了，要市场份额，要回报率，要增长前景，要少开发土地、多开发房子，公司当时很好，我记得有两年给股东派发挺高的股息。不久华远地产就搬家了，搬进新楼——自己的大楼——华远大厦。大家当时都知道华远地产房地产发展很快，很多公司也会把是否有新大楼与是否经营得好联系在一起，华远地产有了自己的楼，当然是更好。

几乎与搬进新楼同时，华远地产的境外股东在香港上市——华润北京置地。这在当时的香港股市上也是件大事，有很多波折，其实到今天也还没有人用同样的方法上市集资。当时的路演（Roadshow）方式也是刚开始。我还记得在纽约有位开车的司机是中年妇女，她见到我们以后很失望，她说她以为“Roadshow”是明星表演，否则她不会来做这份兼职的工作。让她的希望落空，我也觉得不好意思，可见当时华远地产和华润北京置地尝试的都是挺新鲜的事。

华远地产开始有钱了，全北京都知道。合资时有了点小钱，后来上市，又发可换股，又发新股，总共集资了四十多亿元，这些钱在今天的中国房地产市场上也是大钱。人有了钱会变，公司有了钱也会变。钱的使用效率不高了，回报率一路下滑，当时的美国人董事保罗说公司有太多的钱是很危险的，不幸让他说中了，公司连续两年经营出现亏损，而且产生了许多有钱公司的老毛病——不良资产和应收款。

再后来华远公司又发生了许多事，管理的人变了，股东变了，北京报纸上闹得很热，我说可能这个行业没有大事，要不怎么这么点小事大家就兴趣这么大，还有人想推论出哲理来，我说没有啊，无非就是想把一间有钱的公司当没有钱的公司来管。今天公司又搬家了，名字也叫华润置地了，新大楼是彩色的，公司当然要往前走，可大家能记得公司几次搬家的历史吗？在这座新楼里还能找回过去在平房里的那种踏在地上的感觉吗？

（2001年11月）

那么，华润万佳是什么呢？应该是一种生活方式，我们的业态应该给人自由选择、自主、随意的概念。中国人由此改变生活方式，新的生活方式由华润万佳开始。

华润万佳是什么

华润万佳是新的生活方式

20年前，我去美国时途经东京，逛了东京的商店，感觉真是宽敞明亮，环境很好，商品又丰富，给我的印象非常深刻。那时国内的商业还很落后，当我走进这样的商店，感觉就像从荒漠走到了茂密的森林，当时思想上就有了改变。这是一种对现代文明的认同与接受。那么，华润万佳是什么呢？应该是一种生活方式，我们的业态应该给人自由选择、自主、随意的概念。中国人由此改变生活方式，新的生活方式由华润万佳开始。

我们的业态应该是购物与休闲的结合，购物不是一种任务，不是为了完成某样东西的购买，而应该是一种休闲。我们的业态如果能够达到这一目的，就是一种生活方式的转变。

服务行业和生产行业存在很大的差别。最新的财富排行榜上，沃尔玛就已经跃升到全球500强第一名，这并非说明这一企业的重要性，而是体现了服务业这一行业的重要性，说明经过这么多年的发展，服务业已经明显超越了生产行业，成为经济的真正动力。

零售业在中国还比较分散，但这个行业和其他行业一样，必然要经历一个集中加强的过程。零售行业与中国人生活方式转变相联系，随着行业的发展，城市生活范围亦将扩大，城市的规模由此扩大，同时也给我们的行业带来了发展空间。这种流通方式给人们带来新的生活方式——中国人不会都挤在城市的中心区，比如，在北京不会都挤在天安门前，在上海也不会都挤在南京路。这种流通方式带来一种健康的生活方式，华润万佳能否通过一种新的业态、新的方式满足和引导人们新的、健康的生活方式？我看华润万佳一定能够做到。30 年前，沃尔玛提出这么一个口号：“How may we help you today?”要求每位员工都对顾客讲，当时曾经有员工认为这会令人感到丧失自尊，没有地位，但在 3 年后正是这句话赢得了全世界同行的认同，在这种引领新的生活方式的转变过程中，使得该公司乃至整个行业在经济中变得更为前卫。

华润万佳应该是现代与富足的象征，给人富足感和安全感。要让人置身于大量的、丰富的商品海洋之中——一个非常容易获得生活基本品的环境才能让人得到强烈的富足感和安全感。我相信一个人如果走在沙漠中，虽然他身上背着水，他也会怀疑能否走出沙漠，缺乏足够的安全感。从我们的公司来讲，我们需要考虑商品组合如何优化，如何给顾客更多种选择，让顾客充分体会商品的丰富感。

商品经济已经进入买方市场，供给与需求的角色在中国已经有非常大的转变，我们整体角色观念也要转变，不能再像以前那样，只要是开店的，是供给方就可以跟别人讨价还价了。现代的人与物是一个世界性的问题，现在是人决定物的时代，使得人与物的结合应该是由物的供给方面奠定的。

我们的门店应该是现代生活的象征。门店从商品组合、服务、业态，到公司整体形象都必须是现代化的，由此逐渐消除那些旧的、落后的、不适应社会进步的商业形态，向现代化生活推进。

华润万佳是品牌和信任

十几年前，我曾担任佐丹奴的董事，在公司上市宣传中，他们打出了“We are not a store keeper ,we are a retailer.”（我不是一般的看店者，我是一个零售商。）我当时很奇怪，其实这其中体现了零售商与看店者的区别，零售商包含了更深层的含义，它包括了品牌信誉，包括了连锁，包括了整体的服务。作为华润万佳来讲，它一定是典型的 retailer，而不能是一般的小商店、小业主。

现在购物者对零售商的期望越来越高，作为零售商我们要提高自身的信誉。信任体现了现代零售商的责任，我们要把商店的品牌作为产品的品牌来经营，逐步把一部分商品用我们商店的品牌来代替，打造出自己的品牌。

零售商以诚信为本，我们的诚信应该包括对顾客的诚信、对客户的诚信、对员工的诚信，以及员工对公司的诚信，这是一个整体体系。“诚信”也是大股东华润集团长期坚持不懈的理念。

华润万佳是亲和友善的社区一员

现今中国的大卖场基本没有太大的差别，但普遍缺乏互动，这也是我们最为欠缺的。现在大家都认为公司的扩张速度太快了，无暇顾及这方面，但这是非常重要的，是华润万佳今后要成为领跑者很重要的一步。我们要保持亲和、友善，步入社区，成为消费者的朋友，成为社区的一部分。华润万佳广州五羊新城店开业当天场外挤满了大批顾客，由于人实在太多，商场又迟迟未能开业，顾客中出现了谩骂、扔东西的现象。在这样的情况下，我还要上主席台给大家致辞，很是尴尬。当时，我只能给大家介绍我们是一个亲和、友善的企业，尽可能给大家树立华润万佳是社区一员的印象。

亲和友善的社区一员包含了“服务与价格”，我们不能因为价格低而降低服务质量。再比如我们商场内设置的防损员，每次进商场都看到他们背着手站立在通道口。我们确实需要设置防损员保障安全，但不能让顾客感觉到好像被当作敌人，这样的商场气氛就有问题。

我遇到服务好的例子很多，其中有一家知名的酒店，我在办理入住的时候，他们向我询问是否还需要入住上次的房间，并告知我上次入住的房号，而上次去这家酒店已经是两年前了。

华润万佳应该从调整好服务的角度出发，为社区提供更好的服务。我们应该比所有外资企业更快地融入社区生活。

华润万佳是组织者

华润万佳是一个在整个经济生活中的中心组织，有许多可组织的资源，我们是在第一线，可以在供应商与顾客、生产商与消费者之间建立起有效的联系，这个业态本身就是一个整体组织形成的服务。零售业的进入门槛低，很少钱也能开超市，为什么？地产商把楼层盖好了出租甚至免费给你用，供应商把商品送过来给你卖，这样一家一家开下去。但我们不是这样来开店的，这种业态使得你有机会去组织别人的资源并使用，关键在于你是否拥有这种组织及使用资源的能力，效率是组织的灵魂。别人为什么会把地和房子租给你用，把货给你卖，因为你是整体流通的组织者，你促进效率的实现，华润万佳应该成为整体资源的有效组织者。

华润万佳是商品流动方向的指挥者

看看美国最近 30 年的商业发展，是一个公平竞争的历史。我记得在美国读书时的第一个书包是在凯玛特买的，当时凯玛特代表了整个新兴的零售业。但是凯玛特最后被沃尔玛打败了。

业态改变商品流通的方向在不断发生，过去传统的许多大百货公司都遭受到了来自新零售业态的冲击。现代零售业的发展改变了商品流动的渠道与环节，过去通过商品生产商，一级、二级批发下来，再通过商店，卖到消费者手上，现在从生产商到零售商，非常直接，减少了很多中间环节，大大提高效率，降低成本，增加了商品流动的效率，也比较为消费者所接受。

我们拥有这种引导商品流动方向的能力，表面上看，商店的任务就是完成商品从货架到消费者手上的最后旅程，好像长跑的最后 100 米。

华润万佳是新市场的奋勇领先者

我在 2001 年的中国连锁业年会上提出 5 年时间内投资零售业务 50 亿元，实现年营业额 500 亿元，投资回报率 10%，即年利润 5 亿元的目标，华润万佳把它概括成“四个五”工程。这是个基本的方向，“四个五”还必须有一个逐渐细化的阶段，不要等到半年过去了，没什么改变，一年过去了，还没什么改变，那就太慢了。规划要细化到计划，落实到具体的各方面，落实到人，落实到地域、落实到店、落实到运行方式，确立一个个的里程碑。从公司整体的发展上看，这个工程的准备在管理、在人，我们不要管外界怎么样，但是从内部开始，战争已经打响了，迅速建立一个强有力的战争指挥部和战斗队伍，这种说法并不过分。“四个五”的前景非常好，但难度很大，必须以非常激奋的战斗激情来做。

连锁零售市场是可以大有作为的一个新兴市场，当前的竞争环境也在催生着这个市场的进步与繁荣。中国零售市场规模很大，市场格局比较分割，外资也并没有那么快来占领，真正重要的不在资金也不在市场，而在于团队，找到一个好的队伍去发展。我们决定做零售，定下一个五年的目标，关键在于能不能做到，能不能按照既定规划实现目标，在这个行业里面，真正能起到举足轻重的作用。五年以前，别人问华润做啤酒怎么样，很多人都不相信，五年以后，大家信了；五年前讲华润做地产，没人相信，现在也信了。五年之后的华润零售呢？肯定能令人信服，首先我们自己要有坚定的信心，勇于开拓、争先。增加股本金方面，集团是支持的，你们的责任是把钱用好，就看你能不能用好。

华润万佳是地域和规模的领先者

华润万佳的目标是全国领先，首先要做到地域领先，由地域领先再到全国领先，我们进行整合，就是要实现规模优势与成本降低。我认为，零售连锁业的核心特点是分布规模的集中，规模是骨架，规模决定市场地位，竞争力来自有秩序、有效率的规模。还有一点必须强调，就是如何协调规模与管理之间的矛盾，前者是个粗的概念，但后者要细，这是一个不可能完美的关系，规模大了，必然会面临管理的问题，从我们自己来讲，要时时记住，在发展中尽可能做细，尽量做到发展与管理之间的平衡。

华润万佳是大兵团、大家庭

从各行业的发展看，零售业是大雇主之一了，称之为Most Employer，最大的雇主，这里面还有很多层次，从总部到分公司，再到各个分店，人员多，组成复杂，相当于大兵团。沃尔玛的创始者山姆·沃尔顿能把众多的人组织在一起，就是他成功最关键的一步。

现在公司迅速扩张，规模扩大，队伍也在迅速壮大。但是不管公司有多大，一定要保持一个大家庭相对的宽松、自由、灵活、有个性、有创造力，我们要明确一致的奋斗目标，像大兵团一样协同配合，顽强作战。

华润万佳要比对手做得更多

提到华润要跟万佳一起做零售，在广东，可能没有人会怀疑我们，那么成功基础在哪里呢？沃尔玛、家乐福都是很强劲的对手，华润万佳要成功，就要比别人做得更多，没有这个更多，华润万佳很难取胜。比如在供应链整合方面，建立生产商、供应商、零售商之间更深入的联系，不是说我开店，就是被动地等着别人来送货，我再把货卖掉，顶多把商店打扫得干净点，我们绝对不能是这种做法。

昨天，我在报纸上看到深圳南山有家崇光百货发生供应商抢货的事情，供应商要求拿回自己的货款，被扣押了24小时。这个事情也可以看出，当你的自有资金和管理能力不能支持你的正常运营，必然出现与供货商之间的矛盾，这也是一个信用链的问题。从华润万佳来讲，应该用更多精力、资金、资源来整合流程，使我们的客户——供应商和顾客能得到更多的支持和方便，科学的、畅通的物流配送很重要。深入一点，我们可以在供应链里面找到更多的价值，比如市场更需要什么？需要什么包装？需要什么样的品牌？需要什么样的性能价格成本比？并能搭建起一个高效运转、快捷反应的平台。

发展上做得比对手多，我们还不能单单靠自身开店，一定需要不断地收购兼并，获得更多的加入者和认同者。

零售业态本身正在逐渐失去它刚开始时的新鲜感，对消费者来说，需要持续不断的刺激，如何不断地提供、制造新鲜感，提供更新感觉的服务，也是我们需要时时刻刻想到的。

华润万佳是战略和战术的协同者

我们现在是战略开道，规划业态、规模、速度、地域等，但具体还是要落实到战术上，考虑细节、成本等。经营管理需要精细化，我们的消费者更关注、更直接体会的是细节，比如温度、灯光、音乐、颜色、标识等。

华润万佳参加的是一场数学战

前面谈了很多感性的东西，我们的发展、具体的规模、销售、成本、价格、周转、效率等，最终还是要体现到具体的数据上，最有说话权的是毛利、净利、客单价、动销率、缺货率、营业额、单位面积增长率、市场占有率、投资回报率、市盈率等这些字眼，可以说数学战是华润万佳今后征战的战场，也是我们每个人的战场。华润万佳应建立起一个严密谨慎的数学体系，在发展中通过这种规划来时刻监督自己、检查自己。华润万佳的生命力来自不断求新、求变。

创新应该是华润万佳本身的理念，这个行业本身就是在不断发展变化着，没有创新也没有目前的业态发展。这不光是一种量的变化，比如说电脑变大了、速度变快了，还有包括内部组织形式在内的质的变化。今后这个行业还要持续创新，我们自己更需要创新——业态创新、供应链创新、服务创新、员工自身的创新等，构建一个开放的学习型组织是形成创新能力的基础，这个基础又是我们保持长久生命力的源泉。

华润万佳是最新信息科技的使用者

科技使现代连锁零售飞速发展成为可能，原来在北京，好几年才能开一家西单店，现在一年就能开几家这样的大百货店。

IT 科技是神经系统，它是整体业务发展得以实现的基本保障，我们应该非常重视对高科技的学习与运用。信息系统的进步保障了华润万佳的效率及扩张，扩张的每一步都要求信息系统的跟进。同时，科技还促进了科学管理及对市场的敏捷反应。

华润万佳带动华润整体业务的转变及配合

华润集团业务发展包括了很多行业，这其中有些行业产生于历史的延续或政策的需要，真正有意识地、比较理性地、下了决心来做的行业，零售业是其中不多的几个之一。华润万佳的发展不仅仅是零售本身，当其达到一定的规模后，还将对华润集团整体产业产生带动作用，这也是华润形成核心竞争力的一个优势。因此，对于这一新的生意模式，华润集团将会给予全力支持。

华润万佳的未来是全体团队努力的体现

零售企业要形成一个怎样的团队？给我印象比较深刻的是一家服装代理的零售企业——在上海的 ESPRIT，这个企业很成功，当然，这其中有很多因素，不过我认为其中最重要的一点是这个团队特别适合经营年轻人的服装，这个团队年轻化，公司文化很活泼。我刚到该公司时，他们组织了一个春游活动，弄了一个很大的呼啦圈，几十个人在里面转，似乎很幼稚，但却是一种企业文化的体现。他们的企业文化体现在员工一旦面对顾客，就会用这个企业的文化来感染顾客，让顾客感受到一种活力。

从公司来讲，对我们这样大型的零售企业来讲，应该自己创建创新的文化。从员工来讲，公司及业务增长将为员工提供巨大的发展空间。公司应该为员工提供培训、提高个人素质的机会与成长空间，促使员工在公司中能够取得阶梯式的发展，这样，员工才能成为专业化的员工。

顽强的战斗力是成功的关键，因为我相信，我们在发展的过程中一定会碰到困难，这是不可避免的。其实任何的发展中都会遇到这样的问题，我们华润万佳亦如此——发展会遇到困难，不发展也会遇到；跨地域发展会遇到，不跨地域发展同样会遇到；有外资企业竞争会遇到困难，没有外资企业竞争同样会遇到，而这其实更有利于足不出国就能够参加国际竞争，达到增强我们与外资零售业竞争能力的目的。我们的团队能否顽强地、不怕挫折地完成任务——这是一个基本点——我们一定要通过团队的顽强的战斗力来取得成功。

公司与员工一起成长，同时也希望我们的员工能够在专业上、工作环境上、生活待遇上得到改善，与公司一起达成“四个五”的战略目标。

（2002 年 4 月 13 日）

无论成败，企业家在性格上难以找到明显的规律，韦尔奇一定是代表了成功的一种，无论别人能否学得来，我还是相信这其中一定有一种相通的灵性。

韦尔奇

见过许多成就很大的企业家，每次见面我都想在他耀眼的故事后面找到一点这个人自身的东西，品性的、人格的、与生俱来的、基因里根植的东西。因为我相信，一家企业的领导人本能散发的、自然的、没有修饰的个性的东西会深刻地影响着这家企业，可能这也是他领导企业成功的重要原因。

韦尔奇这次来中国，我们没有听到更新鲜的理论，他说的话，还是过去我们在书本上已看到的。可这次我们看到了一个生动的人，看到了他旺盛的性格里的东西，如果把这些与他做的事联系在一起，可能让我们体会到一些新的道理。

韦尔奇是一个很随和、轻松的人，他说做企业本就应该是一种轻松愉快的事，不要搞得太严肃、太拘谨。见面时，我问他，应该称呼他什么，是韦尔奇先生还是杰克，他说："杰克，当然是杰克，永远是杰克，韦尔奇先生的叫法听起来太老了！"晚餐刚入座，桌上的人还有点生疏，他自己站起来，自言自语地说，我应该去向每个人打招呼，他绕桌一周，问候了每一个人，并很好奇地了解他们的公司和他们的业务。上台对话前，本来安排了半小时做准备，他对我说："我们不需要准备了，谈点别的吧。"临上台前的一刻，我提醒他，大会是给我们指定了题目的，他说："没关系啦，什么有兴趣就谈什么吧”，他又开玩笑地说：“我们可以谈一下高尔夫球。”

韦尔奇很自如，但他很清楚自己不该说什么。我问他对最近可口可乐不断更换企业高层的看法，他说这个问题太敏感，坚决不肯回答。他自己更知道他不懂什么，对中国的企业虽然他也有些评论，但过后他自嘲地说：“我是不是在说外国语？”交谈中，他总是抓住机会来问中国的事，他说，他每来一次中国都感觉到他上次来时对中国了解太少了。他说大家都想从他身上找智慧，可真正的智慧是在中国。我问了他一些华润集团的事，他谈了自己的看法后又说：“这是件很难的事，我还没想通，想通了打电话给你。”

韦尔奇很外露，也很爱争论，并不是一个很谦虚的人。对通用电气，他今天仍保持着百分百的骄傲，哪怕对通用电气局部的一些疑问，他都很防卫地来解释。对他的接班人伊梅尔特，他更不想听任何质疑。我向他提到美国杂志上的一篇文章，说因为没有被选中做通用电气的 CEO 而去了 3M 公司的麦克纳尼在 3M 的业绩比伊梅尔特在通用电气的表现好，他听了不但不解释任何道理，反而很恼火，坚持说选择伊梅尔特是绝对没有错的。在这个话题上，他很封闭，不容讨论。看起来这个决定对通用电气，对韦尔奇本人太重要。韦尔奇在这个问题上的态度，可以看成是对通用电气的感情执着，也可以看成是固执。看来任何人都有他的局限。

韦尔奇个子很小，年纪也七十多岁了，可他走到哪里还是像一团很容易被点燃也容易点燃别人的火，身上充满了年轻人的热情和骚动。一谈到企业的数字，他就兴奋，有人告诉他自己公司业务增长很快，他抓住人的手使劲地祝贺，眼神里的那种真诚和高兴好像是他自己的公司。谈话一到兴奋处，声调很高，手舞足蹈，像是要从椅子上跳起来。他说企业的领导人要不断地问自己，对有成绩的员工，你祝贺他了吗？你奖励他了吗？对员工的进步，你真的从心里替他高兴了吗？

韦尔奇说，他对自己过去的成就很满意，可言谈中你会感到他并不满足，并不想停下来，他说他正和新婚的太太苏珊合作写一本书，书名叫《赢》。有一位企业的领导拿了几年前与韦尔奇合影的照片送给他，韦尔奇说："啊！太好了，这是我们还年轻的时候。"有一位听众问韦尔奇，如果他今年30岁，他会做什么，韦尔奇说："你能把我变回30岁吗？"对人生的感叹和对未来的向往让人看到的是一个有岁月的凝练但又一点都不老的人。

可能人真的是太多样，太无边了。无论成败，企业家在性格上难以找到明显的规律，韦尔奇一定是代表了成功的一种，无论别人能否学得来，我还是相信这其中一定有一种相通的灵性。

（2004年6月）

公司要给大家一个“能说”“让说”的环境。
我们有什么话，一要想说，二要会说。

那座桥

这次年会开得很好。这个会就像是看了一本书或一部电影，每个人看得都比较认真，看到心里面去了，每个人都有每个人的读后感，每个人都有每个人的体验。进培训中心大门前经过了一座小桥，等我们今天晚上出去，再经过那座小桥的时候，你想一想和你来的时候是不是有点变化？是不是你的心里有一点改变？如果说来了两天，有一点改变，有一点启发，对今后有更多的思考，我觉得这个会就达到目的了。

以后公司的文化、公司内部的管理方法、公司对每个人的态度，就是创造一种非常宽容、宽松的环境，让每一个人都说话，让每一个人都能把自己的意见说出来，不管什么场合，最好是私下说的和外面说的是一样的。我以前曾经讲过一个正式和非正式的问题。如果我们在会上讲了很多好话，一回去大家在一起吃饭，喝了点酒，说的全是不好的，我觉得就是公司没有给大家一个正式和非正式两个场合都说真话的机会。公司要给大家一个“能说”“让说”的环境。我们有什么话，一要想说，想说一定要敢说；二要会说，如果会议上每个人有思想、有观点，那么会议的质量会比较高，谈话的质量会比较高，大家会更多地去学习、思考问题。这次给大家推荐两本书《基业长青》和《转型：用对策略，做对事》，就想表达一个理念：我们都是经理人，我们起码要对学术界、商界、理念界的发展有一个了解。这样在思考的时候、在讲座的时候、在下一步推进公司改革的时候，每个人会有更高质量的、更高层次的、参考了很多过来人意见的一个研讨基础。

学习不只是看书，看书只是非常小的一部分，但是看书会开阔我们的思路，是很宝贵的学习方法。我们自己也要在工作中、在和别人更多的交流中，更多地思考，联系公司的实际来思考，这样学习的文化就形成了，就形成了团队。给大家创造说话的环境，就是希望大家能够比较直接地说话，说真话，说实话。我们的工作和我们的思考是连在一起的，既要能说，还要能做。

（2005 年 2 月）

企业的空降兵，就像是一场正在进行的激烈的足球赛中突然换上一名队员，又好像一位陌生人闯进了一场热热闹闹的家庭聚会。

空降兵

这个题目一写下来，我就觉得文章不好写，可想了半天，又觉得绕不开，因为我自己在无意之中就做了空降兵，不先说说这件事，以后的话也不好说。

企业的空降兵，无论是哪个层面上的，都会是一件很尴尬的事，就像是一场正在进行的激烈的足球赛中突然换上一名队员（可能还是队长），这名新队员对他的队友和球队的打法并不了解，他要在比赛中融入队伍，很容易造成慌乱；空降兵又好像一位陌生人闯进了一场热热闹闹的家庭聚会，他不知道大家正在谈什么，也不清楚这个家里的很多故事，这时候他开口讲话，很容易唐突。

企业是一个有机的生命体，它有大脑，有耳目，有骨骼，有肌肉，有心跳，有呼吸，具备了一个有机生命的所有特征。从这个角度来看，企业自然的、有机的成长是最健康、风险最小的。空降兵是外来的，外来人加入企业组织，有点像器官移植，可能会带来新的变化和动力，但也一定伴随着额外的风险，这与企业通过并购来发展有相似的道理。前几天见到可口可乐公司的董事长，问他为什么在退休了两年多以后又回到公司工作，他虽然说了很多原因，但我相信，可口可乐不想请一个不是可口可乐公司的人来做董事长是主要原因。

虽然这样，这几年企业界空降兵的现象还是很多，成功的像是IBM的Louis Gerstner；不成功的，也是最近刚离开公司的惠普的

Carly Fiorina。虽然我们的公司与人家比起来差得很远，有些不可比，但其中的道理是一样的。虽然空降兵因为缺少了平稳的延续性，会带来更多的挑战，但它在企业发展的某个特定阶段上，作为企业管理和改革的一种方法，看来还会继续存在。同时，这种方法无论是对企业，还是对新加入企业的空降兵本人，都会带来更多的考验。

企业管理的理论虽然很多，可在空降兵这件事上没有太多的指导，不像企业中的成本管理、市场营销一样，有些大家有相当共识的理论。空降兵的职务是任命而来，可以画在组织结构图上，但不是工作中形成的自然的领导力。因为这个起点的不同，过去的管理规律在这里就可能不适用了。不过理论没有描述过的事，实践者有时也会有很好地认识。前几天见到渣打银行的董事长，他说空降兵最大的优势是带来了过去的经验，但没有带来过去的局限和包袱，是一个很好的开始。不过他又说新来的人一般在四个月后（不知道他为什么把时间说得这么精确）对公司的认识最清楚，因为这时候人最客观，也最容易用过往的经验来比较公司，而在半年之后，这种清晰就会慢慢消失，就会变得不客观，因为自己可能要对自己在半年前的决策的后果负责任了。如果这位很资深的管理人说的是对的，看来事情又变得简单了，空降兵像其他不是空降兵的人一样，都在已知和未知的世界中摸索。企业的环境可以改变，管理的方法可以多样，但管理的思想和哲学是一样的。企业本来就处在变化之中，不论这种变化是来自外部还是内部，是被动的还是主动的，重要的是把握住自身，来推动和应对这些变化。

空降兵进公司，引来许多的好奇和期望，这主要源自企业员工对企业发展和变革的渴求。空降兵的优势和劣势可能都来自对过往企业已习以为常的思维方式和工作方式的不了解。空降兵对企业的贡献可能就是要在原有的基础之上，推动企业良性的变革和进步。这些变革和进步可能是战略的，可能是组织的，可能是文化的，也可能是基础管理的。没有这些推动，也就失去了空降兵本来的意义。而这里的关键，是在继承和突破、稳定和发展之间取得最利于企业的平衡。这个考验是给予包括空降兵在内的整体团队的。

（2005 年 5 月）

他时刻都在坚守自己的专业操守和原则，这正是我们企业中所需要的精神。

吴恩良

写这篇小文章本来是想怀念恩良，可当我想文章要写什么的时候才意识到，即使恩良今天还在世，我也应该写一写恩良，因为他是公司里很特别的一位员工。他是注册会计师，是华侨，很随和，说话不多，脸上总带着谦恭的笑容，这是恩良给人表面的印象，也是一开始他给我的印象。可与他接触几次后才发现，恩良不仅因为他的职业训练使他有很专业的工作水平，我也感受到他其实是一个心底里很明白，也很坚实的人。他用他很平和、很客气的语气说出的一些话，其准确和尖锐的程度大过很多面红耳赤的争论。这时候，你会不自觉地再抬起头来，再审视一下面前的恩良，再理解一下他脸上的慈善、憨厚，甚至少许的天真，你会意识到恩良心里是有一团火的，这时你也会记住这个人，而且记得很深。

第一次与恩良谈一件公司业务的事，我觉得他的角度、判断是很有专业水平而且很细致的。我说恩良你最好把这些看法写下来，让大家参考。他很快写了封英文的信给我，虽然恩良更多地站在财务分析的着眼点上看这项业务，但我觉得很有见地，是在一个发展中的企业里不多见的冷静和理智。其实到今天，我们很多企业也做不到从恩良信中的角度来分析业务。我把恩良的信写了我的意见发给大家看了，我不知道大家是否都同意恩良的观点，但我知道，那封信引起了很多的讨论，我想恩良对一个企业实质的理解是在我们很多人之上的。

恩良作为一位专业会计师，在公司工作了十多年，虽然没有能照他的意愿来改变公司的整体，但他时刻都在坚守自己的专业操守和原则，这正是我们企业中所需要的精神。我给恩良回了信，我想鼓励他更多地发表自己的看法，我说恩良你可以为公司做得更多。我后来才听说恩良看了我的信后很高兴，我想恩良高兴可能是因为他看到自己的看法在公司里产生了影响，而不是因为得到了别人的赞扬，因为恩良对自己信念的坚定是不需要别人承认的。

恩良最后还在《企业忠良》（中粮集团内刊）杂志上给我们留下了一篇文章，当我看到这篇文章发表时，恩良的名字上已画了黑框，我心里受到很深的冲击和震撼。这篇文章的题目是《实现股东价值最大化》，这是恩良最后留给我们的话，其心诚和意真真让我们难以承担，可冥冥之中，是谁安排恩良在他生命的最后几天里写下这篇短文？我只有相信这是恩良的信念和精神的力量。

恩良说："身为价值经理人，我们应当以投资回报状况作为评价业务及投资的尺度，而不应一概考察规模、声望、行业排名及其他感情因素。"我相信，无论什么企业，只要真的照恩良说的这段话做了，就一定是家健康的企业。可惜这些话，往往被人在高谈阔论中忽略了。像恩良平实的性格一样，恩良的这篇文章没有华丽的词汇，也没有说教，他教了我们一段小小的算术，我相信这段算术中所用到的数学知识只是小学一年级的水平，只可惜我们很多人在编制复杂的预算时把它忘了。世界上的道理本来都是很简单的，恩良最后又把这些道理再向我们说了一遍。我觉得大家应该很认真、很虔诚地读一读恩良的这篇文章，他说的这些话我们应该能记下来，背下来，做出来。

恩良去世后，我见到了他的家人，文静、善良的妻子和可爱的女儿、儿子。在巨大的悲痛之中，恩良的妻子竟然向我说的是感谢公司对恩良的照顾，她说恩良是幸福的，最后的几天是有喜的，因为他工作得很开心，大家对他很好，家里的佣人都说吴先生这几天特别高兴，在家里总是哼着歌。面对这样一家人，我只想说他们都是很好、很美丽的人。好人本来没有精确的定义，可好人都是一把尺子，看我们如何来对比，对比如何做人，对比如何做事。恩良在公司十年，最后他又给我们上了宝贵的一课。

［吴恩良先生生前为中粮集团（香港）有限公司财务总监，2005年11月1日因病去世，享年55岁。］

（2005年12月）

“文学式”思维对企业内部是非常有害的。我们的对话应该更实际一些，更细致一些，更数字化一些，或者更多地采用国际上通行的、更易于了解企业真实状况的描述方法。

“文学式”思维

各位早上好！每年这个时间有《中国企业家》杂志给我们提供这个机会，大家见见面，互相问候一下。我觉得这个会越开越有意思了，因为一开始的时候，有专家提出“中国的世纪”、中国要“统治”世界了，在座的觉得不好意思了，刚才外交学院的教授讲了，经济学院的教授也讲了，又觉得动作太慢了，我觉得不管动作快慢，总的来说中国还是有很多成就。

今天我想说的是，在中国经济增长所取得的重大成就中，中国本土的企业家，管理中国企业的中国企业家，真正的贡献不是很大。因为现在中国经济的成长，GDP 增长被三大因素驱动，一个是外资进入，再一个就是大量出口，第三个就是大量的政府支出。我们必须清楚地知道，中国的企业并没有随着中国经济规模的成长而成长，而相反的，中国企业平均的规模和美国上市公司的平均规模差距是在拉大，而不是缩小。我觉得这是中国企业家比较痛苦的一个阶段，因为我们不断跟别人比较，不断想让别人接受我们，不断向别人学习。

我今天讲的题目是“中国企业的‘文学式’思维应该改变”。中国现在是很感性的社会，每个人描绘企业都很文学化。我在北京看所有的报纸，所有的杂志，看完以后，觉得他们在讲故事，全是故事，故事情节非常曲折，人物非常复杂，最后企业到底是怎么回事呢？我看完了还是没有懂，因为大家讲了非常多的故事，我觉得把中国的企业文学化，这种“文学式”的思维在企业内部是非常有害的。这里面我看到一些常用的语言，比如说“做大做强”“超强度发挥”，我不知道这是什么意思。中国企业在这种环境之下怎么成长？如果我和一个外国人谈合资，说我要“做大做强”，我不知道翻译会怎么翻，我虽然会讲点英文，但是我不知道怎么翻。另外我们还讲“巨无霸”，“巨无霸”是麦当劳里面的商品名称。我们没有真正用行业的专业的语言来说企业，我觉得这是“文学式”思维。

财经媒体上也是文学语言越来越多，我不知道是不是因为财经媒体里面文学出身的人比较多。讲到哪个企业，就说这个企业的领导高度重视，某某领导来过了，好像一个企业搞得好，就是因为他天天跑企业了，没有别的了。我觉得“文学式”的思维应该改一改，我们中国企业讲战略也好，讲技术也好，讲品牌也好，讲渠道也好，讲资本性也好，在这之前，我觉得我们“文学式”的思维应该改变。我们的对话应该更实际一些，更细致一些，更数字化一些，或者更多地采用国际上通行的，大家都容易了解企业真实状况的描述方法。大家应该讲战略定位、市场细分、基础研发等。

除此之外，还有一些数字也应该注意，比如说你这个企业融资前的现金流是多少，你这个企业投资风险是多少，你这个企业应收款是多少等。我问过很多企业，大家好像并不是很在意这些数字，不在意这些数字就一定会出问题。

最近，又有几个中国企业出问题了。我就很奇怪，这个企业出问题并不是因为昨天晚上，或者刚发生了一个很大的罪案，这个企业已经这样发展很多年了，为什么过去半年也好、一年也好，都没有评论，事先都没有什么征兆呢？为什么到今天才说它的资金链断了？我觉得在很多东西改变之前，“文学式”思维一定要改变。我们整个气氛中弥漫着“文学式”思维，“文学式”思维对企业的理性经营是有一定害处的，而且是极具诱惑的，把企业的评价体系搞得非常不清楚，描述一个企业，就说这个企业在某个地区，某个国家过去多少年累计多少钱，那是没有用的。过去多少年累计多少钱跟一个企业今天是好是坏没多大关系，应该有一个比较统一的、共识的、理性的、有专业财务系统训练的系统。

我建议中国企业界的每个人都把这些问题弄清楚，每个人都把管理是什么搞清楚，都把管理系统说清楚，这样的话我们的企业才能健康发展，真正能追上国外的企业，真正在管理思路上能跟人家有一个对接，而且使我们的企业语言更健康。

（2005 年 12 月）

要包容、要信任，以信任自己的态度来信任别人，以坦诚的态度来影响别人。

高境界

一个人的修养问题，虽是每个人的个性问题，是每个人自身做人标准的问题，但会影响到一个组织。从这个意义上来讲，做人的标准是一个很重要的问题。关于做人的高境界，我谈以下几点。

第一，把个人的目标定得高一点、远一点，对自我要求的标准高一点。

梦想应该实现在较远的地方，这样的人生才有意义。越是境界高的人，最终一定会成为被大家接受与喜爱的人；而越是为了小的利益争论的人，反而会出问题。高境界的人其实是聪明的人，他并不是没有私利，只不过实现的方法不一样罢了，在实现私利的过程中，会把高境界的理想放在第一位。

第二，把精神和理想的目标看得更重一些，把自我提升看得更重一些。

在现实生活中，真正认同高境界的理想、使命、精神的人，会成为组织里越来越重要的人。他们会推动公司的进步，带领大家过上体面的生活。

第三，把组织的、集体的、大局的目标和需要放在更重要的位置。

是大事决定小事——真正去做一些对更大人群有利的、高境界的工作？还是小事决定大事——只从局部利益出发？世界是公平的，我相信处以公心、与人合作、与人为善的高境界的人不会吃亏。

第四，要有专业的原则性和做人的正义感。

有专业的原则性，是个人追求境界的基本做法。专业化原则和做人的正义感一定要结合在一起。没有正义感社会不会原谅你，自己做人一辈子都会不安生。

第五，要坦率、真诚、表里如一，做人才会比较快乐。

现在有很多人本来想说“东”却偏从“西”来暗示，实际上做人应该坦率、表里如一才会快乐。大家在家里说的话和在公司说的话应基本是一致的。

第六，要包容、要信任，以信任自己的态度来信任别人，以坦诚的态度来影响别人。

如果在一个组织上，任何人在干事情的时候，别人会用相对庸俗的目光来看待他，这样的组织就进步不了。有几个很好的理念，对大家可能会有用。

感恩：永远用感恩的心态看待你的周围，就不会特别地挑剔别人，也不会对环境总是抱怨不休。

欣赏：用欣赏的眼光看你的同事、你的客户、你的家人的时候，会觉得他们特别美，甚至缺点都是美的，人会变得很大度。德鲁克的《旁观者》前言里写了一段非常深刻的话——当我把世界上形形色色的人都用一种欣赏的眼光来看的时候，世界变得非常美好。对同事，你尽量用欣赏的眼光看他，把他放在最合适的位置上，发挥他的长处，让他去成长，这是组织成功非常重要的一点。

信仰：相信“你要为善，你要助人，你要爱你的家庭，你要做个好的公民”。从个人来讲，要有为社会、为公司作贡献而不只是索取的思想。

第七，要相信科学的方法。

在企业管理上应该用科学、系统的方法来解决我们面临的问题。

这个存在科学理念和方法的系统，会使人才更专业。

第八，要勇于承担风险与责任，积极地投入工作和生活。

作为领导，要主动为下属承担一些责任、风险，推动公司的进步，才能把公司带到比较高的境界上。

（2006 年 2 月）

我们在企业里面，通过自己的知识、智慧、能力，发挥潜力，去努力争取达到目标，同时，享受这一过程。

企业管理中的十大哲学问题

今天的题目叫“企业管理中的十大哲学问题”。我一直觉得，党员的先进性应该表现在组织里每一个成员自身所代表的一种思考，一种知识和一种活力。讲党课也不应该总是重复过去讲过的事情，要能够逐步提高我们组织里面大多数成员的思想水平、认识水平及哲学的思考能力。

从党的历史看，我们党的成功，一般认为是一种通过战争夺取政权的成功，是党带领劳苦大众翻身解放的一种成功。现在看来，我认为这是一种组织的成功，是一种组织内部的精神力量的成功。把它作为一个哲学理论放到我们企业里面来很合适。

我们先说说哲学是什么。过去理解的哲学是世界观的科学、方法论的科学，是各种学科的抽象总结，是物质的。实际上我觉得它讲的是人和自然的关系、精神和物质的关系问题。哲学对企业有什么用呢？从员工到组织、从思维方法到工作技巧、从组织架构到人生观，再到企业文化，任何一个组织的成功，这种内在的、哲学方面的共同认识，才是企业成功最根本的因素。不管做什么事，也不管到哪个地方，做一些什么样的项目，展现出来的一定是组织的特点。大家通过任何一个产品，都能体会到这个组织的自身哲学思考在哪里，精神灵魂在哪里。从哲学意义来讲，这代表了组织的必然。然而又有多少哲学因素能决定企业的最终表现呢？我总结了十条。

第一，精神与物质的关系问题。这个问题决定了人对于世界认识的两分法：是唯物还是唯心，是物质决定精神，还是精神决定物质。如果大家去看党史，特别是延安时期党史，你会发现，当时精神的力量远远大过物质的力量。共产党是唯物主义者，但如果你庸俗地理解唯物主义者，就会很难明白那时候为什么那么多年轻学生去延安，在当时完全没有物质可言的条件下仍然斗志昂扬；你也很难明白，为什么共产党那么多将领，好几路军队在不同的区域，可没有发生过国民党那样的军阀割据。现在回过头来看，我们党当时组织的成熟、管理水平、精神号召力远远大过今天发展了很多年的企业组织。

具体到一个企业，我们是用唯物还是唯心，精神还是物质来管理企业呢？过去一讲到企业，说的多是物质方面的东西：企业的资产、资产负债表，企业的产品、成本，企业的组织架构，甚至谈到企业里的人，也只是作为一种物质来看待。相反，精神因素的作用在企业里就往往被忽视了。

一个企业过于物质化，即使有很好的资产和不错的财务基础，也会慢慢变得比较沉闷，很难有非常好的发展。这里面有几种表现：一是精神状态不是很振奋，思想不太一致，目标不是很统一。二是领导人往往变成了权威性的象征，而不是靠凝聚大家的思想去发展组织，不可能形成一种精神的穿透力和大家交流。三是依靠行政手段规定组织成员的行为，不能形成组织和成员自觉的规范和忠诚。四是企业在推广产品的同时，更关注实用性、质量、价格和成本，忽视产品的精神作用。

现在我们讲企业的使命、愿景、理念，不断强调在物质因素之上提炼和抽象企业的精神因素，不是要刻意降低物质的重要性，而是要建立一种和党的宗旨相联系的精神的组织，这对于中粮，对于任何一个企业，都是管理的重要方法之一。

第二，运动和静止的关系问题。当今世界处于一个日新月异的变化和进步之中，大家都承认这个观点，可我们是不是能够用哲学的思考，警觉地、前瞻地预见变化、应对变化，甚至引领变化？这就比较难了。

党的历史上，最精彩的一种创造性的变化就是改革开放，它续写党的历史，改变了党过去很多拘泥的观念，也改变了中华民族历史。

企业有没有变化，命运是大不相同的。今天市场、环境发生了很大变化，可我看到很多企业，仍然在做以前的事情，他们并没有有意去理解这个变化，把应变之策真正落实到行动中。中粮的业务模式发生了一些变化，然而我们主动求变又有多少呢？iPod的诞生引领了苹果公司的全面转变，现在iPod已经是全系列的产品，不断延伸。由此我们是否想到，我们对变化、对世界的认识到底有多少？我们的公司、部门有没有认识到变化可能带给我们的深刻影响？只有这种认识非常具体和深刻，并在此基础上不断创新，我们才能生存。任何有转折、有提升的公司，一定是适应了变化，主动求变的公司。

当然变化分很多层面，有些是我们可以控制的，有些是不能控制的。但如果我们这个队伍是一个学习型组织的话，就一定能够使大家在统一的目标下不断地适应环境，不断地思考、引领变化。我觉得目前不管是集团还是其他业务单元，大都比较被动地应付变化，而很少主动去组织资源、利用资源，引领和创造一种新的变化。

其实，变与不变也是有一个基本关系的。只有我们自身能够建立一种核心理念和管理方法，建立一个相对稳定的价值观、组织架构、商业模式，我们就不会在变化面前产生混乱，而是会去适应变化，创造新的价值。

第三，表象和本质的关系问题。在《实践论》里面，毛主席用大量篇幅讲述了感性认识和理性认识，描述人对于世界逐步认知的一个过程。然而人对于企业的认识也是比较难的，很多人会通过感性来认识企业。某个企业盖了大楼，并购了其他企业，大家就会觉得这个企业一定不错。这种认识往往只是停留在一般浅层面的重复上。那么如何透过企业的复杂性来认识企业呢？这就需要通过某种方法对本质和表象进行深层次剖析，这就要靠党员的先进性来引领，从认识上引入这种方法，利用这种方法对外部世界探索和求知。

表象和实质的关系是什么？实质一定是慢慢散发出来，而最终会决定表象。我觉得我们要正确认识公司包括战略、组织、运营、竞争环境等深层面的东西，不只是让大家从面上对公司的声誉有一个了解，而是要让大家认识公司，认识他们的部门，认识我们下一步的发展，认识公司到底处在一个什么水平上。突破浅层面的思考，对我们讲是非常大的挑战，我希望能通过6S这个管理工具，把我们的问题和内在的东西真正反映出来。

国际共产主义运动中，突破了浅层面思考的第一人是马克思。在当时的环境之下，他突破了对资本主义道义上的批判，提出了生产力推动生产关系进步的观念，从此改变了大半个世界。再一个是毛主席。抗日战争时期是他思想最饱满的时候，《论持久战》《改造我们的学习》《矛盾论》《实践论》今天看起来仍然让人叹服，因为他的观点是对浅层面思维的一种突破。从改革开放到中央提出改变增长方式、科学发展观，中国的变化在国外资本市场眼中的变化是天翻地覆的，是一种深刻的变革。

目前对我们来讲最紧迫的问题就是突破一些惯常的思考，建立一种更深层次、更长远的思考。否则几年之后，我们很多业务单元都会遇到困难，这个困难不是因为工作不努力带来的，而是因为思考不深入，没有创造新的东西出来。

我希望，五年以后的中粮应该变成一家比较年轻的公司，当然年轻不是指人的年龄年轻，年龄肯定也会年轻一些，但反过来公司所处的前沿性的行业、在行业里面的形象、对行业的推动，企业的活力等方面，应该是一个比较年轻的公司。

第四，主观客观、内因外因、可控制因素和不可控制因素的关系问题。今天中国企业处在一个特殊的变化的大环境里面，而国企在这个环境里面更有其特殊性。由于许多因素交织在一起，我们很难说清国企的全貌是什么，问题在哪儿。实际上在任何社会里面，任何的组织、企业都会面临可知不可知，可控不可控，主观和客观，内因和外因的关系问题。现在，我们自己能不能着力从主观的内因、从我们可以影响或者可以控制的因素入手来做工作，是蛮有意思的一件事。

首先我们面临很多不可控因素。比如宏观大形势、世界形势、中国大形势、国家政策、体制等，但是中间有一些因素是我们可以影响的，比如说市场的竞争、企业体制的改变、公司公众的形象或者自身经营。另外，还有一些是企业的内部因素：管理架构、管理方法、企业文化的形成，通过大家主观的努力，内因的作用，把握可控和可以影响的因素，不怨天尤人，不归结为客观，自己去创造。我觉得国企必须有这么一种心态，这样才能创造出属于我们自己的一个小环境出来，这个小环境比大环境可能更适合于企业，更适合我们自己的经营。这个小环境要靠我们大家用这种思维创造出来。同时，它的伸缩程度是持续受到大环境影响的。

中国共产党在初期所处的环境和当时具备的条件是非常少有的困难的环境，有一百个理由可以不成功。然而就是当时的几个人，把整体的环境有利因素利用起来，取得了成功。这对我们企业来讲是非常有启发的。我们今天覆盖的不论粮食行业、食品行业、土畜产、地产行业，在今天在中国目前整体的环境里面，应该不算最弱的，也不算最强的，但是在整个粮食、食品行业我们已经算最强的之一。但是如果今天我们不认识我们的环境，逐渐影响和改变这个环境，创造一个小环境出来，那么可能不知什么时候我们就会被打垮了。我们可以以党史做借鉴，也可以以现代市场的竞争做压力，这是必须做的事。

第五，关于量变与质变的关系问题。量变到质变这个问题是基本的哲学概念，而其中的关键是如何把握度这个概念。现在这个概念被我们在日常生活中庸俗化了，一说“一定要掌握好度”，就是别弄过火，搞好平衡。而哲学上的度是一个科学的分界点，它的本质是量化的、数字化的、精确化的，不是一个比较大范围“和稀泥”的概念。辩证唯物论和历史唯物论对于历史阶段的划分都是你中有我，我中有你。封建主义里面有资本主义，资本主义里面有社会主义，社会主义里面还有资本主义，这种交叉在今天看来已经是不用争议的事，并没有一刀切。

在企业里面我们讲发展的速度、改革的力度，职工可承受的程度，这个度在不同时期，实际上是划分了风险和收益、速度和规模之间的一个界限。而今天在企业里，我们必须把它精确化，我们要求经理人积极大胆，还要谨慎小心；既要敢于决策，还要集体领导，既要善于学习，但也不作书呆子。

从目前的情况看，我们还没有掌握好这个度。实际上我觉得在我们思维中，应该逐步形成一个数字化、科学化的概念。比方说我们提出来中粮集团资产负债比例要控制在 60% 以下，这个蛮精确了，可为什么要在 60 以下，为什么不是 50 以下，是什么资产要求我们在 60 以下，我觉得我们还没有完全分析过。我希望将来不管是财务数据、市场数据，还是基础数据，我们要有更精确的一种方法，对某些方面深入分析，培养每个人精确数字化的逻辑的思维方法，这应该成为我们工作的基本方法。

我们党在不同历史时期的转化里面很好把握了分寸，最终获得成功。从中粮来讲，过去完成进出口任务，给国家出口创汇，可能是一个主要矛盾。今天建立新的商业模式，业务的转变，体制的改革，团队的培养，可能是更急迫的一个任务。因此，追求对度的一种数字精确的概念，而不把它当成一般平衡点，这点很重要。

第六，关于实事求是、建立科学认识论的问题。人的认识过程，组织的认识过程，人的认识过程的差异都是很大的。能够真正实事求是地认识问题，说起来容易，做起来却很难。对于企业，我们也要有一个逐步实事求是的认识过程，不管企业过去基础好与不好，我们都要逐步用我们的方法来形成一个科学认识的过程。

实际上团队整体认识水平的提高，才是企业最终能够实现进步，实现突破的最核心的因素。也就是只有形成自己核心的方法、核心的理念、核心的知识积累，形成自身的思维，包括商业模式的思维、管理方式的思维，才能不断修正我们自己。

今天有很多企业自身没有基础，今天学这个，明天学那个，这样就会出问题。有一句话叫“六经注我”，还有一句是“我注六经”，说的就是看“六经”时两种不同层次的表现。“我注六经”就是“六经”怎么说的，我就来学习，这是比较低层面的一种。还有一种是“六经注我”。就是我心里有想法，但不一定全对，我会用所有外部理论的、实践的、别人的、国内的、国外的东西来印证我们的做法。现在信息流大得不得了，如果你心目中没有一个已经形成的想法，你会被信息吹得人仰马翻，你会每天累得够呛可没学成什么。对于中粮自身来讲，关键是要形成我们自身的核心理念，而不是随波逐流。

第七，关于局部和全局的关系问题。这是一个哲学方法，和我们企业非常有关系，对我们思维有很大的必要性。共产党员必须懂得局部服从全局这个道理。因为大家一说局部和全局，一定说局部服从全局，小家服从大家，个人服从组织，我觉得这是片面的理解，被简单化了。我们从来没有讲过，上级要听下级的，全局要照顾局部，即使我们这么去做，好像也不会这么说。今天之所以讲这个，是因为我认为这两者之间存在着有机的联系。我们的企业越来越大，除了土畜、中谷的加入，今后还可能有另外的企业加入我们，我们希望把资源整合起来，大家做一件大事出来。这里面就会牵扯到局部与全局的关系问题。不要说新加入企业，单说老中粮所有的企业，这方面也存在很大问题。一个简单相加、机械牵强、形同虚设的“胖”组织是没有任何用途的。如果今天我们业务单元之间没有联系，总部和单元之间在战略上没有协同，也没有整体安排，甚至在评价体系、薪酬体系等管理方法上各干各的，那么整个环境会摧毁你。因为你有大企业的麻烦，却没有大企业协同规模和整体的支持。我想我们的企业里，能不能先在思想上协同，继而在商业模式、上下游进一步协同。实际上我希望真正建立一个有机的、整体性的，让竞争对手和客户、社会能够感受到的，一个强有力的公司。

我们的现状和党在历史上的例子非常类似，我们应该首先思考的就是如何在局部和整体之间形成一个从观念、组织到战略管理手段上的有机的、相互依存的关系，建立一个畅通的沟通渠道和一个清晰的管理关系，从整体支持到每一个局部。实际上现在我们还有一种倾向，就是我们现在很多业务单元进行整合，很多单元业务也在整合或者新建，那么业务单元自身在专业化的基础上就不能再形成一个控股架构，一定在面上是一个整体。如果我们的目标一致，有整体性，局部和全局的关系就比较协调，而这对于我们来讲是比较紧迫的问题。

第八，关于逻辑思维、思考路径和因果关系问题。从我们党的历史来说，我认为是非常好地处理了一些不同因素之间的因果和互相关联的关系问题，比如当时的战争、军队、文化、组织、经济、外交之间的关系，而所有的关系集合起来都服务于中国革命的成功。我认为这一点是共产党和历史上一些其他组织的最大区别，是一种在大思维之下，形成的进退自如的战略方针。

企业管理同样也需要这种思维。而现实中，企业很大的一个问题就是由于逻辑的思维、因果的关系、路径的联系不明确而导致盲人摸象。这里的盲人摸象就是管哪个部门说哪个部门的事，考虑问题的深度和相互之间的联系都不够。我以前也说过，MBA 课程的缺陷就在这儿。没有一个人把 MBA20 多门课之间的真正关系讲一讲，或是帮助你分析一下在一个部门或者一个公司，你会处于一个什么样的位置，应该如何从一个整体的、大的架构里面找到你的位置，我觉得我们应该建立一个逻辑思维。

最近我看了一期哈佛商业评论，通用电气（GE）新的目标叫作“GE 要比全球 GDP 增长快 2 到 3 倍”，他们做了一个模型，在这个增长模型里面没有多新的东西，但是把增长的方法和增长的路径做出来了。技术怎么促进团队，团队怎么促进研发，怎么促进客户服务，这是一种很好的逻辑思维，就是说，形成了自身的一个完整的闭环体系。作为我们自己，到今天，我觉得整个集团也好，每一个业务单元、部门也好，必须能够思考出来，我们的各种因素的路径是什么，这是一个不容易的事情，需要对整个集团有很深的了解才行。

第九，关于掌握和运用辩证法，对具体问题具体分析。过去大家讲矛盾的普遍性多一些，讲矛盾的特殊性少一点。今天这个社会更多元了，使得每一个人更个性化，更有自己的思想。你想把他在一个很小的范围之内统一起来是很难的，只能把它放在一个很大的范围内才能统一。矛盾也是一样，矛盾的普遍性不能掩盖其特殊性。

今天，我们说矛盾的特殊性，主要讲具体问题具体分析，分析什么？就是细分我们的行业、我们的战略、我们的流程，使其更有针对性，更能解决问题。这对我们下一步工作的深入很有必要。因为只有细分才能产生专家，不细分就没有专家。比如，盖一个楼，从建楼、规划、买地、融资、设计、建设成本、销售、管理等一路细分过来，可以分很多的环节。那么，这里面哪个最主要，我们用什么方法解决它，如果分了 10 个部门，每个人应该怎么样协作，我觉得这是一个很急迫的事。2006 年，我们的评价体系属于过渡期，也遇到一些困难。因为我们的个性化指标不够，明年评价今年的时候，能不能更个性化，具体分析战略是什么，推进程度怎样，达到的效果是什么，行业是什么，能不能作为一个专家来评价这个行业，而目前我们只能做到差不多。

第十，关于树立人生观的问题。《中国哲学简史》我翻了很多遍，我一直感觉中国哲学里面，对人生观讲得比较多，希望用人生观来冲破所有的问题。一旦人生观搞明白了，什么认识论、局部与全局等都迎刃而解了。实际上这也是对的，也是一种方法。

为什么这么说？因为我觉得我们面对的是中国改革开放的成功，面对的是中华民族从未有过的一种复兴的动力和希望，在这种环境之下工作和生活，我们能够做到的就是把我们党的使命、企业的使命和我们自己的目标结合到一起，这样才是一个比较完整、也比较协调统一的职业选择或者生活的路径。

反过来讲人生、讲哲学、讲我们每个人应该怎么活，我想这个问题每个人想的一定不比我少，也一定不比我浅。现在市面上有许多讲儒家、道家思想的书卖，儒家的游方之内、道家的游方之外，出世入世，都是劝人们保持一颗平常心，差不多就可以了。现在很少有人不这样讲：我不在乎，我有一颗平常心。而实际上，你会不会因此真正地找到乐趣和感觉呢？我想可能不会的。不管是为了自己的事，还是为了公司的事；不管是和同事不高兴了，还是被老板批评了，总之你肯定会很难受。为什么？因为和你的人性是矛盾的。人性里面，一定是过了 80 岁以后修炼才到家，才可能真的不争。

那么人性中的这些东西能不能消掉？需不需要消掉呢？说实话，不需要。不消掉一样能够得到快乐。那么怎样得到快乐呢？我想应该是把党的使命、企业的使命、个人的目标和人生价值、生命的乐趣连在一起。这样做并不矛盾的。只有充分尊重人性、尊重个体，才能带领大家去创造新的社会。

生活中有些人比较急功近利，甚至不择手段地去追求一些名利或者地位，这是人性的一面。但这样往往会达不成目标，这样的做法也不为我们所主张。生活中，人们受到挫折，或者不能马上达到目标，往往会在哲学思考上失去方向。本来很有干劲，结果突然迷失了方向。比如街边秧歌队的老人们，他们跳舞非常投入，希望得到社会的承认，为什么？因为人都希望在某一个层面上去发挥自己。如果一旦觉得某方面不行了，就会迷失方向，寻求和依靠外部的物质去满足自己。得不到满足，受到挫折，就容易造成“无为”“不争”“自我安慰”“顺乎自然”的想法。有人说我们是快乐的无知者、无欲者，我什么都没有，什么都不在乎，可我就是高兴。我想说这个话的时候，99% 的人都是很痛苦的。为什么？因为人性使然。人生来如此，这不是谁的错误。所以，我觉得违背人性的放弃不会带来快乐，放弃和自我安慰也不是一个好的人生哲学。

我们在企业里面，通过自己的知识、智慧、能力，发挥潜力，去努力争取达到目标，同时，享受这一过程。实事求是地判断自己、完善自己，通过自身的提高去达到自身可能达到的目标，并且在这一过程中使自己不断地去完善，这样才是比较丰盈、健康、快乐、不虚度的一生。实际上出世和入世之间应该有一个结合点，从企业来讲，就是一个既能推动企业进步、又能发挥个人潜能的结合，就是真正实现企业价值和个人价值两个最大化。所以我们讲个人价值最大化，就是讲个人的价值除了表现在收入以外，还要表现在人自身的思想和自身的经历，还有对世界认识水平的不断提高。这些观点和我们党的宗旨并没有矛盾，实际上从党的宗旨、从马克思主义来讲，将来的社会一定是人性的、自由发展的社会。同时，在这个环境之下，把完成党的使命、企业的使命和个人的目标统一起来，这样很多问题就会迎刃而解。

（2006 年 6 月）

领导的标准是什么？我们要把领导力的特质和领导力的行为标准结合起来看。我不太相信一个人从本性上能够转变，却可以提升和补充。

培养领导力

什么是领导？领导应该做什么？具备什么特质？怎样才能培养领导？怎样才能培养领导力？我尝试给领导划分几个层面。

第一，职务领导。任命了，下文了，就变成了领导，是一个产生职务的过程，是职务带来工作的责任或者工作的权力。

第二，感情领导。在任命领导职务以后，没有真正形成领导力之前，很多人一个很自然的倾向就是喜欢用一些比较谈得来，甚至跟自己有些关系的人作为跟随者。从情感上来讲，这肯定是不可避免的，我有时也会这样，但这样的领导很难成为真正意义上的领导。

第三，个人能力领导。能干、聪明、敬业、敢决策，在业务上有主见、对行业有认识。

第四，团队领导。在深刻理解愿景、目标、团队建设、影响力、变革的基础上，能够比较全面地培养队伍的整体能力，带领队伍去完成使命，主要特点是精神的因素比较多，是理想中的领导。

领导力的形成必须经过以上这几个阶段。

领导力有五种行为表现。第一，客观公正是一种行为，以身作则也是一种行为。以身作则就是言行一致、敞开心扉，赢得人们的尊重和真正的权力。第二，共启愿景，就是有改变现状的冲动，了解众人的希望，点燃大家的激情，创造组织愿景，带领团队转变。第三，挑战现状，就是要勇于变革，能够识别好主意。变革一定有风险，失败也是一个学习的机会。第四，希望给众人授权，给下属一定的空间。第五，激励人心。

领导风格有四种。第一种是很少与下属沟通，也很少下命令，属于松散型，这是比较被动的领导；第二种主要通过对下属鼓励，使他们去讨论工作，不太指挥和干预下属，不能提供一些业务、战略上的指导性意见；第三种是对下属提供指导意见，做出一些说明；第四种是单向沟通，属于命令式的，指挥下属做这做那。在一个多元化控股、业务比较复杂的企业里，领导在工作上既要给下属提供恰当指导，同时又要适当放权。

“把关系行为作为一种奖励”的说法蛮有意思，感觉好像是在“行贿”。实际上团队越成熟，越应该通过一种关系行为来管理企业，进行放权和指导，而不是通过工作行为。

我们来看看通用电气的领导力开发模型。第一强调的就是认识领导力对商业成功的重要性。如果每个团队的每个成员，哪怕是在任何一个小小岗位上负责的人，如果都有创造力和带动性，很多问题就容易解决了。第二是有一个领导力培训开发流程，包括领导力开发学院、开发体系、课程体系、职业生涯规划等。第三是以行为标准定义领导力特质，领导不仅要创造数字，还要创造价值。我觉得这是资本市场的认识，领导力不仅带来盈利、营业额，还要带来商业模式和战略上的价值，带来资本市场的价值。第四是把领导力与管理实践相结合。第五是上级负责下级领导力的开发。CEO 应把 40% 的精力放在领导力建设上，另外从员工入手抓培训。

领导的标准是什么？我们要把领导力的特质和领导力的行为标

准结合起来看。我不太相信一个人从本性上能够转变，却可以提升和补充。团队是人塑造出来的，如果把一个好领导放到团队里面，这个团队就很容易带出来，这比改变一个人的本性容易得多。对于领导力的特质和行为，需要通过自我检查来评价，通过自我学习来完善。

（2006 年 7 月）

我希望大家在自己的领域里面变成行业的专业人士，而且有很深的专业知识，这和领导力、团队、组织、职业经理不仅不矛盾，而且是职业经理要求里面非常核心的一部分。

做行业专家

现在到了谈谈做行业专家的时候了。

之所以现在说，有两点原因：第一，我们团队的提高、战略的推进，以及公司整体的进步已经到了这一步；第二，作为一个历史上以外贸为基础的企业，一个多元化企业，“万金油”型的人才比较多，这种局面必须改变。

过去，我们对团队成员的专业水平强调比较少，觉得人和人之间是没有大的差别的。只要好好干、有激情、有责任心、肯努力，搞好和大家的工作关系就成了。这种说法是对的，但只是一个基础。实际上，从我们内部目前的分工现状来看，某个人在某个职务上先不说别的，从专业上就不合适，可我们还是任命了，因为不这样会有更大的问题。

但我们的事业要进步、竞争水平要提高，就不能停留在这个基础上。如何组织好一支队伍，需要有怎样专业基础的人去落实目标，非常重要。希望我们每一个行业的经理、每一个业务单元的经理，都能做你那个行业的专家、真正的资深专家。专业性已经成为一项紧迫的任务。

不从专业化角度建设团队，我们可能无法生存

我想从集团整个战略、资产和业务调整的进步来讲我们为什么要这么做。从历史上看，我认为公司整体资产水平良好，但盈利效率不高。我们的 ROE（净资产收益率）在 5% ～ 6% 的水平上，用这个数字与其他外贸公司和中国企业比，可以说我们做得不错。如果用高标准来衡量，用中粮 50 多年的历史沉淀来衡量，我觉得这个数字还是很低的。

我们已做过了战略分析和研讨，每个业务单元都做，我们发现，我们的行业是很分散的。哪个行业一定要发展或者不发展，必须从长远、从成长性来看。之后我们通过并购、上市等不同形式开始进行资产重组，目的是希望改变 ROE，这是我们的生命力所在，是我们企业和经理人能力、成绩的证明。如果我们的 ROE 能提高到 20%，那我们的企业就是非常好的企业了，这是一件很难的事。在重组过程中，会牵扯到多元化与专业化的关系问题。实际上，我们想通过一种方法来解决集团整体业务过度多元化的问题。多元化问题短期解决不了，是不是一定要解决？也有疑问。因为多元化和不多元化本身也有模糊的限制。我们如何在一个多元化企业之下，做得更专业、提高专业化竞争水平？那就要形成几个有生命力、竞争力、有限度的业务单元慢慢去上市。

走到今天，我们会发现多元化企业的很多好处。比如规模、协同、社会的资源影响，以及多元化带给我们发展的可能性。当然，我们也不想放弃专业化的优势，虽然整体上属于一个大的集团，但每个业务单元要在经营的行业里面都很强，成为一个专业化管理的、有专业水平和核心竞争能力的业务单位。现在有些业务单元势头不错，也可能再过两年，中粮集团可能会形成 8 ～ 10 个在行业里面很强的业务单位。它强在不仅是中粮集团的成员之一，而且强在它自身的竞争力。如果中粮集团真正成为集团本身是控股性的小、专、精的企业，让业务单元去发挥作用，那么在这种前提下，我们的人

能不能适应这种环境往前走，就会是一个非常核心的问题。

由于历史原因，过去可能没有真正站在一定的位置和角度上来建设我们的团队——这是环境造成的。今天我们有责任把它改过来，否则我们就会生存不下去。国有企业面临的竞争环境和其他任何体制的企业没有任何区别。

分工专业化，要求经理人的专业化

从历史来看，我们的人才结构大多是在传统业务里，有着传统的技能和传统思维，会做外贸或者办公室的人比较多，而且有些人认为中粮家大业大没问题。我已经强烈地感受到了这种想法。实际上，中粮到底有多少钱？有多少负债？是什么样的现金流？资金链有没有问题？有这种想法的人并没有分析过中粮的财务报表，没有分析过中粮自身的业务。

今年，我们很多业务单元的业务性质发生了根本变化，使我们再往下经营很困难。如果不去转变，会有更多的业务出现问题。然后我们从讲理念、目标、使命开始，逐步统一思想、分析中粮自身面临的环境。让我备受鼓舞的是，大家对这些理念非常认同，因为从分析当中我们认识到不改变就会面临更大的问题。不仅是投资回报低，而且内部业务的质量也有问题，特别是随着竞争环境的变化会有更多问题。坐吃山空、不进则退，终会导致有一天被别人超越。因此我们的人和公司都要改变。

在这之后，我们调整了架构、分工，对人员有了一些重新的任命。我们都希望慢慢往好的方面发展，我也感觉到大家都积极地想把事情做好，其中可能会有一些小矛盾，但影响不大。再往前走，仅靠热情是不够的，我们要有自己的核心能力。我觉得中粮的队伍不乏热情和积极性，我们要看的是我们自身的能力。我希望从明年开始，每个业务单元都对自己的业务做一个核心竞争力分析。你的哪几手是行业里面别人比不了的，是品牌、规模或者什么别的。有些业务单元缺乏核心竞争力，怎么办？今后能不能形成核心竞争力？业务单元要在专业化分工之下来讨论核心竞争力，每一个经理人也应该不断反思自身的专业化水平，把自身所规划的东西放到业务的有机体里面，作为一个部分来经营。

当然，这里面有很多因素，我今天想强调的就是职业经理人的专业能力。你是做技术的，还是做市场的，或是做财务的？“万金油”型的人不行。只有分工的专业化，才有职业的专业化。如果过去大家没有专业化，或者某些业务单元没有很专业化，这些都不要紧。因为我们当时的分工没有很专业化。分工专业化以后，自然就会要求经理人的专业化。

我希望大家在自己的领域里面变成行业的专业人士，而且有很深的专业知识，这和领导力、团队、组织、职业经理不仅不矛盾，而且是职业经理要求里面非常核心的一部分。

（2006 年 9 月）

大企业中还能不能不断产生“创业者”？
相对成熟的业务中还能不能孕育创新？
这在很大程度上取决于我们对什么样的经理人是好经理人的态度。

分层次

不论是企业之间还是一个企业内部，对它的管理者的评价一直在不同角度、不同标准和不同时间上产生不同的认识。虽然这方面的理论和实践都在发展，但到今天我们也没有真正跳出以短期输赢论英雄的圈子。所以在企业里，管理较大规模的人，盈利多的人会更受到重视，他们自我感觉也好一些。其实这也没有什么不对，因为短期对企业也很重要，业务规模大，盈利大，对企业贡献大，管理难度通常也更高，管理者在企业的地位高也是应该的。但如果我们的思维停留在这个层面上，特别是停留在短期的，甚至是静态的层面上，企业的进步就有了问题。大企业中还能不能不断产生“创业者”？相对成熟的业务中还能不能孕育创新？这在很大程度上取决于我们对什么样的经理人是好经理人的态度。

最让人失望的经理人是把一个原来好好的企业搞坏了，对这样的经理人评价也没有更多争议，如业务规模萎缩了，盈利大幅下降了，市场占有率丢掉了，甚至现金流出问题，债务有危机了，等等。不论发生这样的事情有多少原因，不论是主观的还是客观的，不论是战略还是竞争环境引起的，管理者在这里一定没有做好，也一定会受到责备。

对经理人的评价难在表面看来好像一切正常的企业中，因为在正常的表象之下企业和它的管理者已经拉开了很大的距离。

第一类的经理人是维持型的经理人。他基本上能保持企业经营的稳定，去年怎样，今年还怎样，上一任的经理人怎样，这一任还怎样。业务看来一切如常，如果这项业务是规模较大的业务，这位经理人还可能被认为是很好的。其实在市场竞争环境的比较下，这项业务可能已经落后了，这样的经理人并没有给企业创造更多的价值，反而埋藏下长远的隐患，因为企业仅仅靠维持是维持不住的。

第二类的经理人是职责型的经理人。他不仅保持了业务的稳定，还有许多改善，可能是降低了成本，提升了产品质量，也可能是调整了业务流程，提升了运营效率。企业的市场地位和盈利可以随着行业的成长一起成长，企业的运营水平也与竞争对手同步提高，这样的经理人尽到了他作为管理者的基本职责。

第三类的经理人更向前多走了一步，更有能动性，是发展型的经理人。他分析了市场环境，分析了产品和客户，研究了对手，在基本管理得到改善的同时，适时调整了企业的产品和盈利构成，引入新的产品和服务，走在了竞争对手前面，企业的核心竞争力得到提升，市场份额提高了，盈利成长好过行业水平，这样的经理人为企业创造了新的价值。

第四类的经理人是战略型的。他不仅在产品竞争层面上使企业的成长快过竞争对手，同时也注重企业的战略布局，优化了企业在本行业及相关行业上的资源分配，开创了新的商业模式，有更多改变竞争格局的创造性。他培育了企业更多的增长点，使企业有了长远发展的平台。在这里企业战略的前瞻性和执行力的落实得到很好地结合。这样的经理人使企业价值得到提升，而这个提升不仅仅是运营盈利性的，而且是长远的，资产和资本升值性的，这样的企业往往能抛离对手。

第五类的经理人则更成熟、更全面，是持续成长型的。他不仅做好了企业在业务上的战略和执行，而更重要的是，他把不断创新和进步的精神根植于企业组织之中。他优化了组织架构，培育了团队，使企业的成长不仅仅靠少数人的推动，而是靠整个组织的推动，不仅仅靠竞争压力的推动，而是靠企业自身理念和文化的推动。这样的企业更有生命力，进步是持久的。

因为企业管理的实践在不断进步，反思总是跟不上，在对经理人的看法上可能还有更多的分类。但把经理人放在历史的、动态的背景下看，能否把一个不好的企业做好，把一个战略定位受到挑战的企业创造性地转变，把一个小企业发展大，把一个原来就有规模的业务做得更有创新和发展，把一个企业组织的潜力全面激发出来推动持续的进步，这些使经理人的进步分开了层次。而这也是企业经理人这个职业的本质要求。

（2007 年 4 月）

如果你被提拔了，从一个兵变成负责任的经理人了，你觉得面对的困难是什么？

七个挑战

我一直认为，所有管理理论的书里面没有一本会写道如果今天你被提拔了，明天你会怎么做，或者提到的比较少，比较零散。我问大家一个非常有意思的问题：如果你被提拔了，从一个兵变成负责任的经理人了，你觉得面对的困难是什么？你有没有感觉到挑战？有没有感觉到不太习惯的地方？我想有以下几点。

第一，从自己干到带领别人一起干。我认为这一条是最重要的，从自己干到带领别人干是很大的转变。人随着年龄、职务、经验的不断增长，所掌握的资源会越来越多。你的职务被提高了，可能慢慢地从自己用手干、单独做到和别人一起做；从用手做得多，到写得多，到想得多，再到讲得多，慢慢变成要和大家一起来做，这是作为一个经理人的基本要求。

第二，不好意思分派工作。这是一个很有意思的阶段，当领导的初期阶段，很谦虚，自信没有建立起来，跟大家的工作关系没有建立起来，希望保持低调，希望能够让大家接受。但是，也可能 5 年以后，就不是不好意思分配工作了，而是随意分配工作了。我经常听人打电话时说“这事儿就这么定了，听我的”，这种现象也是有的。

第三，不了解岗位的期望，角色认知不清晰，目标不明确。我觉得这是整个环境应该解决的问题。一个经理人不知道自己该干什么，是一个组织的问题，不是他自己的问题。我提过几种类型领导，包括职务领导、情感领导、个人能力领导和团队领导。团队领导不仅可以自己做，而且能把组织里的每个人都发动起来，因为只有发挥大家的力量，这个团队才会成熟，才真的有力量，而且不会依赖于某一个人、某一个时段的能力。

第四，领导权威未建立。一个人在组织里真正的权威，一定是和团队一起发展起来的，不会是职务赋予的，也不会是因为个人能力很强建立起来的，一定是因为他发展了组织而产生的。

第五，不熟悉团队和业务，工作节奏、方法都要与新团队进行融合。我觉得这是可以解决的，但确实会遇到问题。比如现在环境不像以前那么好，事情不像以前那么简单，讲话也不会有人听，观望的情绪比较严重，每个组织不一样，前任的文化也会对团队有所影响。新经理人自身的工作习惯及现有团队的基础都会对团队产生影响。到很强的团队去，表现很弱，团队成员可能会看不上你。

第六，如何处理好工作的轻重缓急。这是对业务的战略理解的问题。

第七，如何担负起承上启下的沟通作用。这是企业文化的问题。

这些问题很好。实际上是每个经理都会遇到的问题，不一定是新经理人，只是对于新经理人来讲，这些问题突出一些，或者更典型些。我曾经讲过要做行业专家。但是要做好一个新经理人，只具备专业能力是不够的。我们有不少大大小小的经理人，在提拔完了以后，他自己的预期没有达到，别人的预期没有达到，而且有相当一部分带来了矛盾，有大有小。矛盾可能是跟上级的，也可能是跟下级的，也可能是跟平级的。作为一个新经理人，哪怕是领导一个人、两个人，已经算是一个经理人了。不管是大的经理人，还是小的经理人，只要你想去传递一个意识给另外一个人，你想建设一个组织，想让这个组织比较统一，想让这个组织的意志和你的意志吻合，并且希望这个组织自身有很多的活力、创造力、激情，是一件很不容易的事，很容易造成组织内部闹矛盾，内部消耗。过去讲的1+1<2，或者三个和尚没水喝，说的就是这个问题。因为一个组织要发展，要协调好组织里面领导和团队成员、团队成员之间的关系问题，

还要协调好整个团队的理念、目标、工作方法、感情、专业、社会环境、沟通等一系列问题。所以，作为一名新的经理人，除了具备专业能力之外，还要具备刚才提到的这些素质，能够协调好这些关系。

领导力（Leadership）这三个字是从英文翻译过来的。“Leadership”和当官完全没有关系，完全不是职位带来的东西。它是指人本身对组织的影响力，组织里面有时会出现非正式领导，比方说这个人能力强，对大家比较关心，做事总是预测对了，慢慢地他就变成领导了。这是自然形成的领导力，不是职务任命的。

当领导不是一件很容易的事。以前有书上讲“How to lead”，怎么去管理，怎么去领导，就像《用户手册》一样，一条一条跟着干就行。但是不行，这样做容易出问题。实际上每个新提拔的人都有不同的做法。有的人一上任把队伍换了，换了之后都听他的。这种方法不是不可以，而且往往比较成功，好处是短期内把组织洗刷了，坏处是他没有用原来的组织，把原来的组织破坏掉了，他懒得去培养原来的组织。有的上任以后，先把纪律做好，用一个相对严厉的方式加以约束，改变这个组织。还有人制定新的战略，改变组织的发展方向。当然，也有人通过对组织架构的调整、文化的建设，以及团队的不断提升，来培养一个有韧性、有柔性、有创造性的团队。这样的团队可以应对任何业务，可以应对任何管理问题。

领导力是经理人队伍目前比较缺乏的能力，组织里很难找出能够带好队伍的领军人物，经理人还不能很快带出一个目标一致的、高效的、具有活力的队伍。这是我们需要解决的问题。

（2008年3月）

公正、廉洁、处以公心，一切从企业的角度出发令人信服，这是做领导带领大家冲锋、创业的基础。

领导力的均好性

均好性是领导力一个非常关键的素质，可以把均好性放在领导力里面分几个方面来探讨。

专业

专业指对特定业务的专业性，而不是指领导力。我们讲领导力的时候往往说，要做好领导不一定要懂业务，实际上这是一个非常不完整的说法。领导必须要懂业务，无非是懂的广度和深度会有差别，会更广一点，不可能那么深，不会深入业务的具体层面，但是他对行业的认识、对业务的大趋势、对业务管理的架构和方法必须比较了解，否则必会犯专业的错误、行业选择的错误，必须用专业化的素质去领导。

组织、沟通

领导必须能够把大家融合到一起，真正能够让大家在内心愿意跟你走，真正能够让大家觉得跟你走有希望、有回报，这里面有一个怎样和大家沟通、组织的问题。

第一，别人做好的事就是替你做的，只要是你的下属，你千万别怕他做得好，一定要给予最充分的支持。

第二，一定要公正。你有任何不公正，下面的人看得最清楚，他们那种议论的准确度，让你偶尔听了之后非常吃惊。在一个组织里，如果你言行不一致，还自认为保密做得很好，其实骗不了任何人。

第三，要承担责任。如果你在组织里犯了一个错误，在你能够处理好，能够改正好的基础上，如果你承担责任，惩罚就会轻，因为你的职位比较高，这样做能够让组织健康发展；如果把责任推给某个人，这个人职务比较低，犯这么大错误可能就不能再继续工作了。

第四，公开透明。组织里要处以公心，没有私利在其中；要站在别人角度想问题，要替别人着想；要把自己的想法不厌其烦地、真心诚意地和同事进行沟通。说到这里就不能不提杰克·韦尔奇。我曾经对他说，你来中国三次，说的还是这些理论，没有新东西。他说管理理论不可能总有新的，只是在不断重复，你以为你懂了，其实并没有真正懂。他说，什么是领导？领导就是右手拿水、左手拿肥来浇花，把下属浇得开花。他一说就是这话，不断重复，不厌其烦，重复了好多年。他当时是比较成功的，他的这个说法不一定对，也有很多不同的评价。但这个做法在组织里面就会形成压力，使通用电气成为一个成功的组织。

团队建设

我们要不断把组织激发起来，使组织逐渐丰富起来，成熟起来。这个组织建立在社会基础之上，但专业水平要高于社会平均水平。

为什么这么说呢？微软的电脑水平一定高于社会平均电脑水平，沃尔玛的零售水平一定高于社会平均零售水平。我们可以试用愿景激励模型，要给团队贯彻一个愿景，贯彻一个战略，贯彻一个目标，贯彻一个执行过程中的步骤，要设立一个评价考核的系统，里面每一个批评必须科学严谨、处以公心、公开透明、以身作则。

经理人不光在业务上要比较熟悉，还要具备在领导、沟通、组织、业务的决策、人的决策、战略、奖罚、人文素质修养等方面的能力。据我观察，人在一个组织里面往往最后会败在被提拔到一个完全不适合他的位置上去，这种可能性还比较大。有的人很能干，有时会被重用或提拔一下，结果却适得其反，本来很好的一个人，就会暴露各种问题。为什么会这样？我观察，纯技术性、纯业务性的工作压力会很大，而目前来讲很多人在博古通今的人文素质、哲学层面、历史层面的修养比较欠缺，可恰恰这样的修养可以帮助你理解、把握，同时应对新的环境，会让你有底气，会让你不再有紧张的情绪，会让你能托得起更重的东西，会让你对团队更有感染力，也会让你对失败更有幽默感。每个人都会犯错误，这是自然的情况，人文修养会传导一种所谓的凝聚力、信心、创新，所以劝大家多读一些书。

一个人的修养问题，从长远来看，能够给公司领导力、公司文化都带来一个进步。而这个进步可能会是间接的，但一定能反映在业绩层面。

领导的操守和品德

我觉得，注意操守、品德，处以公心，不去谋取额外的私利，不去做授人以柄的事，这是一个领导最基本的原则。如果你是一个公司的总经理，你的待遇、车、办公室好一点没关系，但一旦有操守的问题缠绕在里面，就会失去作为领导的资格。从这个角度来讲，公正、廉洁、处以公心、一切从企业的角度出发令人信服，这是做领导带领大家冲锋、创业的基础。我们的职业是什么？经理人。经理人就是“放牛娃”，“放牛娃”可以等到最后喝杯牛奶，但不能把牛杀了。一旦你认定这个公司的职业环境之后，你应该按照职业经理人的操守来行事。

无为而治和强势领导

无为而治是近两三年管理理论的一个主要趋势。哈佛商学院的林达·希尔教授主张让组织自由发展，组织里有更多的民主化，这样组织才会有更多的创造性。

一般认为，一个人是强势领导，事无巨细、亲力亲为，这不是一个好领导。但我觉得应该分出层面。有一张图：如果你是工厂的工人，你的工作会非常具体；等当了车间主任，就负责分配工作让别人去干；再当了厂长，工作就更不具体了。下图中，左边是领导性工作，右边是具体性工作，当然比例不断变化，职务越低，具体工作越来越多；职务越高，具体工作越来越少。经理人在相当程度上要平衡这个关系。无为而治，也需要带团队，要培养团队，而不能走上极端，否则就成为错误的事。

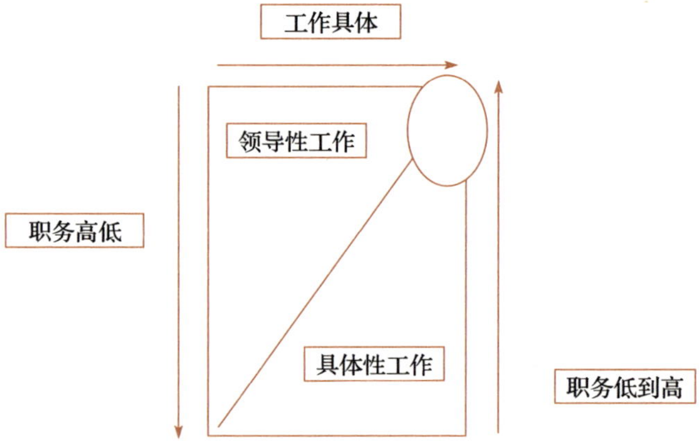

（2008 年 6 月）

中粮经理人至少应该具备三层知识结构：第一层是交易性知识结构；第二层是行业性知识结构；第三层是宏观性知识结构。当然，还有更深层次的。我希望我们的经理人对历史、哲学，对人文、做人、组织性发展都有一个很深的理解。

中粮经理人

形成专业的集体性智慧

中粮目前是一个多元化控股企业，可能在一个相当长的时间里，我们还是一个多元化控股企业。多元化给我们带来了很多好处，这种架构实际上是一个战略上积极参与的组织架构，是一个平台式的组织架构。过去几年下来，很多例子说明这个架构是成功的，给每一个业务单元提供了一个成长的机会，给大部分的经理人也提供了一个成长和施展能力的机会。

但是，这种多元化的架构也有不好的地方，它是一个离心力比较强的组织架构。这个离心力是天然形成的，也是一种人性的表现。在这种架构下，大家一定会说，最好是只要我没事，你不要管我；或者我要投资了，赶快拿钱来；再或者说我有困难你帮我是可以的，平常，你不要管我太多。在这种架构下，协同或统一比较难，而且由于管理是多中心的，它要求我们每一个经理人都是优秀的人才，要求每个经理人是均好性的人。因为管理大部门和管理小部门一样，管理 100 亿元资产和管理 3 亿元资产对人的素质要求都挺高是中粮有36个业务单元、100多个利润点，很难一下子就找到100多个都是最能干的人，这对我们团队成员要求更高。

中粮需要很多很多的领导，特别是每一个业务的新开展更需要。前两天，DDI（智睿）公司拿来一本书，书名是*Grow Your Own Leaders*，就是培养自己的领导人。书中有两个观点，我印象非常深：第一个是一定要用最强的人去做新业务，不能因为新业务小、不重要就派一般人去，只要想干，只要有前景，就一定要派最强的人去；第二个是说从外部请领导人不如自己培养好。从全球来讲，真正外部的空降兵成功的非常少，培养自己的领导人是最关键的，而且培养需要分层次，每个公司必须要有一个加速成长的蓄水池（Acceleration Pool）。

在多元化控股架构下，这么多的业务单元，这么多的功能，要求在关键点上的领导人都要非常强。虽然有专业化培训，但要做好专业性很高的事情也比较难。这样，我们用什么样的方式，把分散在大家中间的、对粮食的专业理解集聚起来，形成集体的智慧，再用集体的智慧形成对公司战略、未来前景、布局的一致结论，这就很重要。

中粮需要行业专家

中粮的业务进展非常需要、迫切需要行业专家。很多例子可以说明，因为我们不是行业专家，导致我们的行业过度投资、过快发展或者没有发展。出现这种情况，除人选得好不好、团队好不好、战略好不好之外，我们是不是行业专家是一个很重要的原因。

我今年去Bunge（邦吉集团）总部，他们跟我们讲了Bunge对业务的看法，对各个市场的看法，对全球未来包括土地面积、种植面积、产量、降水量、物流费等很多问题的看法。这些肯定对他们来讲不是最宝贵的，但对我们来讲好像还挺宝贵的，我们没听过这些。Bunge还介绍了他们的内部管理系统，包括他们的期货套保系统怎么运作，各个国家怎么分配的，每个国家允许多大风险，总部怎么统一、平衡，怎么评价风险等。为什么现在说这个？因为大家看到 Bunge 有一个报告，第一季度利润上升了 400%，赚了 7 亿多美元。他们解释是借势全球粮食市场大的变化，对大的格局抓得比较准。我相信这和他们整个团队对市场的把握程度有很大关系，他们对宏观的、微观的、交易性的、前瞻性的事挺明白，这是团队整体知识的积累。

中粮从国有贸易企业，后来转型做加工，现在做行业、产业，走到今天，我们希望能够成为行业领导者。战略上的转型和财务上的转型走得比较快，人的转型和人的专业化程度提升可能还需要一个过程，这个过程是一个相互促进、相互制约的过程，但这个转型非常必要，成为行业专家非常必要。

中粮经理人的三层知识结构

有人说我不是学这个的，不懂业务，感觉好像不懂业务是很骄傲的事情。如果这个业务是你的一个爱好，不懂可以，如果这是一个工作，可能允许不懂的人只有董事长一个人！因为他不需要做具体的行业分析。

中粮经理人至少应该具备三层知识结构。

第一层是交易性知识结构。如直接的成本、谈判、定价等，中粮经理人的知识集中在这方面，这方面的专家比较多，这一层知识非常重要，直接解决具体问题，而且过去几年的发展证明也是比较成功的。

第二层是行业性知识结构。除了每天的交易以外，我们对这个行业的认识也非常重要，因为行业性知识和交易性知识紧密相关。有第一层的知识，更容易掌握第二层，有第二层的知识，更容易判断第一层。比如对全球粮食行业的了解，包括对国际国内整个大的供求关系、进出口政策、国别政策的掌握，这些可能和你当天的交易不是百分百有联系，但对我们来讲，是一个很大的宏观背景。

第三层是宏观性知识结构，指整个大的经济结构性的知识。比如宏观调控、CPI、汇率、利率、流动性、货币供应量、银行准备金、GDP 增长、外资等，这些知识对我们来讲也是非常重要的，对中粮的影响非常大。

当然，还有更深层次的。我希望我们的经理人对历史、哲学，对人文、做人、组织性发展都有一个很深的理解。团队很融洽，每人很开心、幸福，团队的动力就很强，创造力就很强。

（2008 年 8 月）

员工价值最大化应该有一个更丰富的概念。第一，员工心智和管理能力会有一个新的提升；第二，公司内部会有更多掌握各种各样不同技能、不同特点的经理人涌现出来；第三，希望中粮能真正成为CEO的摇篮，培养更多的行业领导者。

人才培养

评价一个公司的好坏，大家往往会说这个公司有几千亿元的资产，有很多盈利，发展很稳健，负债比例很低，很少有人说这个公司有一群非常好的职业经理人，有很好的人才素质培养发展体系。但事实上，往往被我们忽视的因素是根本性的决定公司最终结果的一个手段。从这个角度讲，每个公司的好坏，不能仅仅是一把手不错，一把手能干。把整个业务结果归结为一把手，这当然是对的，因为一把手确实起到了重要作用，但是提升整个管理团队的平均素质，不断培养产生高素质的经理人，也是非常重要的。

为什么要启动一个培养经理人的项目，选拔、培养，帮助他们更快地成长？有没有必要这样做？从管理的角度讲，人是最重要的资源，当然这不是说只要把人换好就行了，管理是一个系统性的问题。目前我们对一个公司的评价主要是看业绩，公司业绩不好我们才会考虑替换经理人。实际上这种做法不利于组织的成长，健康的组织应该有更多让经理人进步的方法和更适合经理人成长的环境。过去我们讲公司使命时谈到员工收入最大化，今天我们更希望员工的价值不仅体现在工资收入上，应该更多地体现在员工成长方面。

员工价值最大化应该有一个更丰富的概念。第一，员工心智和管理能力会有一个新的提升；第二，公司内部会有更多掌握各种各样不同技能、不同特点的经理人涌现出来；第三，希望中粮能真正成为CEO的摇篮，培养更多的行业领导者。我坚信这个过程会比我们整个业务转变的过程来得更辉煌、更有动力，对公司长远发展的推动性更强。

（2009年1月）

大企业的完整性与企业管理者知识结构的完整性和思维方式的完整性是有直接联系的。

完整性

全球很多企业都有一个特点，企业大了就容易变得不完整，变成乱企业，变成内部矛盾突出的企业，原因是部门太多，区域太多，规模太大。就像养老虎一样，老虎养大了就管不住了。过去大家以为企业大了就会效率高、力量强，实际上，大企业缺乏整体性的问题在金融危机后会变得更严重。

举几个例子说明什么是企业的整体性。第一，AVIVA。他们提出 One AVIVA，Twice the Value（一个英杰华，两倍的价值），客户找哪个部门都可以解决整个企业的问题。第二，IBM。IBM 提出 Business on Demand（随时准备好业务），为客户提供整体服务。第三，餐厅。餐厅有个规矩，首问负责制。就是顾客有问题不管问到谁，都要回答，不能把问题留给顾客。

目前，全球企业面临的问题就是大企业小企业的问题，我们当然也遇到了这个问题，我们试图用产业链的方法解决这个问题，希望把企业变得更具整体性，解决分割的管理局面。

昨天和人力资源部、DDI（美国的一家人力资源咨询公司）研究商业驱动力和经理人能力的标准。DDI 列了一些商业驱动力的因素，我感觉他们是在试图分割这个标准，而往往这个标准是不可以分割的，是整体性的。很难说对于一个经理人最重要的一条标准是什么，经理人要有自身思维素质的完整性、均好性。

企业的完整性和经理人的完整性联系紧密。我们的经理人都很聪明，但很多不系统。目前，我们企业遇到的挑战，要求我们新任经理人应具有较高的水平，除去一般的技能之外，系统性、整体性和知识结构的逻辑性的组合也尤为重要。有本书建议大家看看，哈佛大学 Linda Hill 写的《上任第一年》，实际上每天都可以看一下这本书，不管是你新上任也好，还是换了工作岗位也罢，都可以看看这本书，因为职位变了思维也会变。

企业的完整性与经理人的知识结构、思维方式的完整性

大企业的完整性与企业管理者知识结构的完整性和思维方式的完整性是有直接联系的。对经理人，我强调一点——知识结构。为什么说知识结构？我发现在我们经理人的知识结构中，某项占了主流以后，会使这个人的性格、做事的方法，甚至做事原则都有变化。以前我总开玩笑讲，原来认识一个做财务的经理，他夏天老穿着一件毛坎肩，结果他下面的年轻人也总穿毛坎肩。当然，这是他性格带来的东西，可能他比较紧张，人比较谨慎，慢慢地人会瘦，瘦就怕冷，性格也变了，变得更加谨慎，一说要做销售、做投资，他马上反对。他人很好，而且处处为公司着想，但是偏，这是职业带来的，均好性不够。相反，我以前还遇到过一个人，突然从销售人员当了总经理，这个人太冲动，没有风险概念，什么都敢做，这个人不行贿受贿，也不给企业捣乱，但还是把企业搞坏了。

所以，除去常规的标准之外，希望新任经理人能够在知识结构上有意地补一补，均好性强一些，把自己的逻辑性和全面性增强一点，这是非常重要的。人类的知识分为两类，一类是人与人之间的，一类是人与自然之间的。人与自然之间的知识是指人怎么看自然，包括数、理、化、生物等；人与人之间的知识包括社会学、哲学、管理学等。实际上，管理学里面光是 MBA 就有很多课程，财

务、营销都是非常窄的知识，在人类知识里它们只占万分之一。如果你不能贯通这些知识，就难以理解战略；如果你不能贯通人文和自然科学，就难以做一个好的经理人。

当然我说的都是有限度的，谁也没有那么大的本事，但是要有意识地去理解一个学科。你在学经济的同时，再学一些管理，学一些文学和历史可能要好很多，你会把自己放在历史长河里看问题，你会觉得自己很有限，同时你也会觉得历史本身也可以参与，不管大角色小角色。

人们对自己熟悉的、有经验的、有知识的工作会发展得比较快，实际上并不是因为那个业务好，是因为他本身比较熟悉，这样的知识结构带来的是单项发展。这个问题可以延伸到整个国民教育上，如果文理可以贯通，那可不得了，可以把人带入一个具有无穷乐趣的新的领域。在这个新领域中，人要不断地学习去印证自己的观点，那时候不是你要去学习什么知识，吸收什么知识，而是要用知识来解释你自己的观点，因为你的思想中已经有一个大逻辑框架。我最想看到我们的经理人不光是业绩好，而且本身的素质、做人的素质能够全面地发展。

学习型组织推动形成企业完整性和经理人思维方式的完整性

企业的完整性和经理人知识结构的完整性、思维方式的完整性，与学习型组织的整个发展是联系在一起的。经理人能不能做学习型经理，组成学习型组织，然后逐步达到学习的目的，这对于企业的发展来说非常关键。经验不是直线，每个人的经验、知识都是有限的，但是问题逐步都解决了，这就是学习型团队带动的。这个团队不仅仅是一个人，团队里的每一个人在做好本专业工作的同时，还要做到知识和组织的贯通。

学习型组织就是自身把个体学习方式变成组织能力。如果今天这里只有一个人聪明，这个人就孤僻；如果这个人能把全体人变聪明，他就是领导。经理人要把你的自身知识变成组织知识，这样才能变成好领导。你会不断地，一次又一次地发现原来你的智慧不如组织，原来你的想法这么幼稚，原来所有人都可以大大地补充，甚至推翻你的观点，最起码是有建设性地给你建议，这样组织就发展了。

（2009 年 3 月）

我们提倡用系统思维开启心智，产生激发，使我们从性格到知识结构、到做事情的方法都比较完整，能够应对各种变化，推动企业真正持续创新和进步。

晨光班

最近中粮开了一个战略领导力培训班，取名“晨光计划”，代表着年轻、成长、进步、希望、未来，象征着不断成熟，不断冉冉升起。想想大多数人从小学到大学，甚或从幼儿园到博士，人生四分之一以上的时间，最朝气蓬勃的一段时光是在校园度过的；现在我们依然强调学习，推进学习，激励学习，为什么？学习的方向和重点是什么？我想对企业人来讲，最重要的就是两个内容，如何做好企业，怎样做人。用任何一种相对狭隘的理论来看待学习，或者用相对庸俗一点的实用主义来作培训，都不可取，就局限在一教一学的浅层次了。真正从人生的、生活的、理念的、质量的和未来组织塑造的角度来看待学习，通过不断激发，让企业组织和每个人都具有更高尚的生命力，这才是学习的目标。

这种生命力在于培养更深厚的使命感。使命感、理想不是从灌输和强迫中来的，而源于在社会上、在历史中、在企业环境中的定位。当一个人被放到更宏大的环境中，见识了更广阔的世面，看到了世界的广大，看到了自己的渺小，他就更会思考自己要在世界上有立锥之地，应该有什么目标和理想，这就是个人在社会上、在历史中、在企业环境中的定位。真正的使命感将带来自我完善，自我提升，自我反思，自我适应环境，形成长久的自我驱动力，并使企业具有更多更强的自我认知的、理想的能力。

这种生命力在于培养更成熟、更有正义的价值观。从企业到员工都要不断激发内心的善良、公正，不断提高自我标准和目标，不论是对外部还是内部，消除那种比较急功近利、比较浮躁的方式，使我们的价值观更符合人类自然发展的道德理念。如果你是投资银行，就必须兼顾交易的公平和透明性，否则繁荣只能是一时的；如果你是粮油食品企业，就必须生产出营养、健康、安全的好产品；如果你是地产企业，就必须要为客户营建一个温馨的家。任何一个有生命力的商业模式都必须有坚固的价值观基础。企业培训往往没有这个课程，这个课程是需要自己悟的，会看书的人看什么书都是好书，会看景的人看什么景都是好景，关键是看我们能不能自我完善、自我调整。

这种生命力在于催化不断学习、不断创新、不断应对环境变化的能力，培育富有洞察力、富有远见、富有市场意识的经理人。好学校的学生应当在校不单单学会了简单的技巧，更学会了持续的学习方法，始终对世界保持好奇心。企业里的学习同样如此。我们要让大家打开另外一个思维的空间，学会从另外一种角度来看世界。知行合一这四个字，每隔几年的理解都会大不一样。从听到耳朵里到听到心里，从动心到下决心，再到实行、长久实行，最后到反思、升华、变革，每一步都是艰难的跳跃。在如此不断学习和创新的过程中，形成更加全面、平衡的知识框架和比较成熟的商业思维框架，是提升自我的关键。

这种生命力还在于激发大家勇于承担风险、勇于承担责任的精神，并且充满激情。勇于承担不单是一个胆量问题，它涉及战略眼光、战略制定和战略执行的全过程；前提是要对问题清楚，能够比较明确地判断现在面对的形势和可能出现的问题，不会被小问题吓坏，不会有大问题而发现不了，由此才真正敢于承担责任。在更有担当、更不满足和自我标准更高的同时，焕发出的激情才是更好的。有一部阿根廷获奖影片叫《谜一样的双眼》，里面有一句台词是说，人几乎没有什么不能改变的，只有一点不变，那就是激情。对企业来讲，从个人到组织的不断创新、不断自我挑战的激情，会带来业绩的不断提升，持续推动企业发展。

企业的所有经营活动是一个大学习。我们提倡用系统思维开启心智，产生激发，使我们从性格到知识结构、到做事情的方法都比较完整，能够应对各种变化，推动企业真正持续创新和进步。这样的话，我们所做的就不仅是培训，更是学习；不仅是教学，更是激发；不仅是被动学，更是主动学；不仅是个人学，更是团队学；不仅是一个阶段，更是贯穿了生命和人类发展的全过程；不仅看到现在，更看到过去和未来；不仅着眼于企业，更着眼于行业、社会和世界；不仅是丰富大脑，更是净化心灵；不仅是多一点实用，更是多一点理想。

（2010 年 4 月）

刚听到这些话时，心里好像有点触动，现在写下来，也觉得它们平白无奇，其实每个人在不同环境下对同一事物也有不同的见解，如果由此可以印证一下我们的苦思冥想，这些话就可能是智慧了。

有人说

每天见很多人说很多话也听很多话，大多数的话，说了听了也就过去了，真能过几天还记得清而且在脑子里不断又冒出来的话不多。这一段时间见过一些人，听到的话还能记得，可见这些话有些意思，写下来让大家也知道。

杜邦公司（以下简称杜邦）的 CEO 说，杜邦从一百多年前卖火药卖的就不是一般的火药，是无烟火药，差异化从开始的基因里就有。她还说研发和技术创新是杜邦的生命，但它们是市场驱动的，不论有什么困难和原因，研发一定要带来回报、创造业绩。她还说杜邦从一家火药公司到一家化工公司，而今天已是一家生命科学的公司了。

邦基公司（以下简称邦基）的 CEO 说，邦基不花太大精力搞研发，也不羡慕现在 iPhone 式的创新，因为技术进步太快的行业风险太大，一点疏忽就可能被淘汰。他宁可让邦基专心做好粮食贸易。

通用磨坊的 CTO 说，不能期望客户像专业人员一样来消费你的产品，你的产品必须很方便、很容易消费。他还说，创新一样食品，有三个条件必须同时具备、缺一不可，它们是：美味、便宜、益处。

英联食品的 CEO 说，在中国建立一个消费品牌的成本已很高，高过英国。但他们还会努力去做，因为相信未来价值。他们在美国的玉米油产品占最大市场份额，主要靠品牌拉动，因为他们并没有压榨厂。

嘉吉公司的CEO说，现在世界粮食产量25亿吨，预计需求到2050年要再增加17亿吨。他说需求增长不可怕，因为南美洲、黑海地区、非洲地区的粮食种植随着价格上升产量都有很大潜力。技术进步也会发挥很大作用。但是，因为亚洲有世界约61%的人口，可仅有世界约36%的耕地，所以解决世界粮食危机的最好方法是真正的自由贸易。

通用电气的CEO说，他们现在（与韦尔奇时期已不同了）选拔经理人的标准有四条：一是要真正的行业专家，深刻理解行业特性；二是善于学习，不断追求进步；三是系统思考，明白大格局；四是对团队的领导力来自对人的真正尊重。

可口可乐公司亚太区的CEO说，在中国做消费品有几个关键点（Critical Mass）一定要过，过了是天堂，过不了是地狱。这些点，一是规模，二是成本，三是品牌，四是渠道，当然还有团队、技术等。

可口可乐全球CEO说，公司最近的广告片选了黑人歌手K'naan来唱他的*Waving Flag*，是因为这位歌手不仅表演好，而且来自动荡战火中的索马里，他懂得这个世界，有宽宏的爱心，追求自由和生命的崇高价值。他说可口可乐的产品应该与这些意境连在一起。

香港太古集团有位董事说，国泰航空的业务随着经济复苏正在好转，但航空公司必须及时调整机舱的座位分布，现在乘客的要求是头等舱也要便宜，经济舱也要舒适。所以大部分航空公司的机舱座位布置都有了变化。

汇丰银行的总裁说，不同的经济成长模式有不同的危机，亚洲有亚洲的，美国有美国的，欧洲的金融问题是欧洲经济和文化模式长期积累的结果。

美国驻华大使说，美国经济有很强的抵御冲击的能力和自我修复能力，它会在解决问题的同时创新，今天在世界经济未来成长的贡献者中不计入美国还为时太早。

美国缅因州有位律师来中国工作了三年，回去后就要竞选州长。他说，缅因州是美国较穷的州是因为人们安于现状，应该向中国学习。他的竞选口号是“缅因州也能行”！

刚听到上面这些话时，心里好像有点触动，现在写下来，也觉得它们平白无奇。其实每个人在不同环境下对同一事物也有不同的见解，如果由此可以印证一下我们的苦思冥想，这些话就可能是智慧了。

（2010 年 7 月）

对一个烟龄很长的人来说，戒烟就是换了一种生活方式。这时你才意识到世上原来只有两类人，吸烟的人和不吸烟的人。戒了烟，有点改邪归正的感觉。

戒烟了

吸烟三十五年后我戒烟了。戒烟这件事没有人要求我更没有人强迫我，我也没觉得吸烟对我的身体有什么不好的影响，可我还是主动地把烟戒了。虽然我一直认为吸烟在不同的人身上影响是不同的，虽然我也认为把人的身体健康这样一件复杂的事与吸烟简单地联系起来过于武断，可我还是在那一天主动地把烟戒了。因为这几年来我觉得吸烟是一件越来越不合潮流，被人歧视，惹人讨厌的事。在餐厅，在机场，在会议室，吸烟的人总会得到一些异样的眼光。有次我看到有家企业给厕所两个字的后面加了个括号，内写吸烟室，我明白吸烟已被人们认为是一件不干净的事了。虽然我知道人类吸烟的历史从文物推断有 1500 年，有明确的文字记载也有 500 多年了，而且印第安人开始吸烟是为了健康，我还是恋恋不舍地把烟戒了，因为不合发展趋势，得不到众人支持，给人添麻烦的事就别干了。吸烟不是个嗜好问题，是个方向问题。

有人说戒烟太难了，可我觉得戒烟并不难，特别是对好面子的人来说一点都不难。因为你一旦向众人宣布你要戒烟了，这时参与你戒烟的人就多了。可能你的名誉就要与能否戒烟联系在一起了。因为大家会不相信你能戒烟，可你自己一定要向众人证明你是说到做到，有决心有毅力的。这么点小事你都做不到你还能做什么大事吗？有人说你肯定戒不了，说如果你把烟戒了，他就把饭戒了。你听听，这是什么话，但越是有这样的挑战你越是能坚持住，如果你真的没管住自己又吸上了，这件事会被别人笑话很长时间。这有点像已上了跑道的运动员，或者像已做好了预算目标的企业，退路比较难，因为有很多人看着你。我说戒烟不难是说什么事发生都有个大环境的引导和压力，所以戒烟不是个烟瘾问题，是个形象问题。

吸烟是个心理需求，戒烟也是个心理斗争。夜深人静，这时烟瘾来了，吸一支吧，可是吸一支还是吸两支，今天吸了明天还吸不吸，这次吸了我这戒烟从什么时候算起呀？其实戒烟真正的难度不在于吸不吸烟了，而在于不吸烟后所带来的生活感受的改变。不吸烟了，心理上开始有点空荡荡的，看书、写东西没有了那条筋骨，找不到人在书中人在文中的感觉。过去开完会了，吸支烟；吃完饭了，吸支烟；下飞机了，吸支烟；看完文件了，吸支烟，自我感觉是很好的放松和享受。现在烟戒了，问题也不在于吸不吸烟，而在于生活没有了节奏、起伏、间隔和一张一弛，一件事接着一件事，一天下来平铺直叙，感到很疲乏。这人一感到疲乏了就容易发些无名火，好在周围的同事知道为什么，他们会说他这一段时间脾气大是戒烟戒的，过一段就好了。可我自己还有些浑然不知。对一个烟龄很长的人来说，戒烟就是换了一种生活方式。这时你才意识到世界上原来只有两类人，吸烟的人和不吸烟的人。戒了烟，有点改邪归正的感觉。戒烟初时的挣扎过去，你在一个不同的空气中生活了。

（2010 年 10 月）

在企业中，好员工、业绩优秀的团队就是要给予表彰，作为大家学习的榜样；好的方法、优秀实践就应该不断被总结，被推广。只有这样，才能够让优秀者再接再厉，并带动整个组织进步。

我们的年会

年会可以说是经理人的节日，大家带着风霜，也带着喜悦从各自的工作岗位上来到书院参加这个会，非常欢迎大家！

年会首先是一个激励、嘉奖和表彰的大会

这个年会首先是一个激励、嘉奖和表彰的大会，因为我们要在这个会上颁发“百战奖”和“再读奖”。在过去的一年中，我们全体同事充分发挥了各自的能动性和创造性，推动集团取得了很好的经营业绩，营业额和利润都再创历史新高。在这个时候，对大家的努力和付出给予准确的评价、适当的激励和表彰就不仅必要而且非常重要了。

在这个会上，我们要让集团上下都知道什么样的人是中粮集团推崇的“英雄式人物”，我们要对这些“英雄式人物”给予嘉奖和表彰，要让我们的评价和激励充分发挥对整个团队的示范和引领作用。

最近倪萍出了一本书，叫《姥姥语录》，其中一句话令人印象深刻，好孩子都是夸出来的。我觉得这句话说得很对，它也同样适用于企业管理。在企业中，好员工、业绩优秀的团队就是要给予表彰，作为大家学习的榜样；好的方法、优秀实践就应该不断被总结，被推

广。只有这样，才能够让优秀者再接再厉，并带动整个组织的进步。

年会是一个回顾、反思和学习的大会

不管从刚刚的短片里也好，还是从我们各自日常的工作中也好，我们都能够看到，我们这个企业、我们的业务仍然面临很多困难和挑战，与标杆企业相比，还存在很多不足和差距。我们要打造“国际水准全产业链粮油食品企业”，未来要一步一步去实现我们的目标，就必须不断去弥补我们的不足，不断去克服这些困难和挑战。从这个角度来讲，我们在这个会上就必须要对我们的业务、我们的工作有一个系统的回顾和总结，要有反思、有学习，在此基础上才能有改进、有提高，所以，这个会议也是推动我们未来继续进步的一个会议。

年会是经理人广泛参与、提升团队凝聚力的大会

在这个会上，希望大家能够广泛地、真正地参与进来。我们说，年会是经理人回家的日子，既然是回家，那我们就要深度参与。本次年会我们设计了一个环节，选择了三十一位同事在会上做一个简短的发言，每人发言时间限制在八分钟以内，我相信在这么短的时间内，每位经理人都会讲得非常精彩、非常凝练，而且，你在准备这个发言的过程中，一定会有很多深入的思考。另外还有一个环节，就是经理人与集团管理团队之间有一个问答和对话的时间。通过这两个环节，我希望有一个团队真正参与、互动的过程，这样我们的会议就会很有朝气、很热烈，能够融合、凝聚我们的团队。

现阶段，是我们全面推进全产业链战略落地的初始阶段，希望这个阶段能够成为凝聚大家智慧的过程，希望在这个阶段能够真正奠定未来中粮集团在全产业链模式下不断进步、持续发展的基础，包括我们思想的基础、团队基础、规划基础、业务基础等。希望通过这次年会，大家在这一点上能够形成更加广泛、更加深入的共识。

（2011 年 5 月）

我们不仅要有宏观的思维、有精神层面的思维，也得有实际运营的思维。这样的话，我们公司每个成员遇到一个问题以后，都能提出一个实事求是的解决方案。

专业的解决方案彰显领导力

中国改革开放以来到现在的很多政策，我相信恢复高考是其中非常重要的一项，今天77级、78级的学生很多都已经成为社会的主流和中坚力量。当时考试作弊的人很少，是比较公正的。好多年前，我女儿上小学，有一次早上送她上校车，我发现当时整条街上两种人最多：一种是学生，还有一种是扫大街的清洁工。我猜那时候高考是中国学生最大的学习动力，经过和没经过高考的人不太一样，这一关过去以后肯定是成熟了，因为人都是懒惰的，你不考就算了，不考就过去了，就不会成熟。

这次赴美去ADM、亨氏、通用电气考察学习，我相信大家都做好了准备。但是大家也不能指望对方在很短时间内讲出什么，这些是要靠你们去观察的，你们要去看他们的会议室、看他们的人、看他们的产品。我鼓励大家去拿一本通用电气的年报回来看。通用电气很用心地做年报，每年它的年报都是一本公司战略和运营的书，会给人极大的启发。通用电气的年报是在传达一种管理的理念，内容方面从价值观、信仰到对事业的宏观认识再到战略、运营方法都会有。如果大家能从通用电气、ADM、亨氏、淡马锡的四本年报中找一本来学习，一定会得到很大的提高。我觉得赴美研修要多观察、多思考，尽量不要当作旅行似的，还是要有一些感悟。

通用电气的分享材料有一页上写着："我发现世界的需要，于是我着手去发明"。这个话当然很有煽动性，但是怎么发现世界的需要，这是一个系统。我发现我们很缺乏可以提出解决方案的负责人。我希望能听到大家说：我可以在一个什么范围内提供一个可执行的解决方案。比如大客户部，不是说大客户找谁找谁、打几个电话就行，这些没有一个系统化的思维。我们要想怎么适应大客户，我们有什么样的服务，我们内部怎么协同，要建立系统。最终能否提供系统解决方案是非常关键的。

从中粮集团本身来说，我们还真的需要解决方案。我们不仅要有宏观的思维、有精神层面的思维，也得有实际运营的思维。这样，公司每个成员遇到一个问题以后，都能提出一个实事求是的解决方案。

随着竞争环境和业务发展的变化，我觉得专业化地解决问题对我们更重要。专业化地解决问题的过程包括从分析问题到提出方案再到执行下去。我认为专业的解决方案的提出是领导力的重要组成部分之一，拥有这样领导力的领导是容易有跟随者的。

（2011 年 8 月）

只有在没有所谓外部计划压迫下仍可以主动学习、思考的人，才是一个真正能学习的人。

做勇于探索的人

中粮开办晨光班，得到了集团内外很多人的赞誉，但也让我有点担心，担心大家觉得学了这个班就可以了，觉得这个班能提供解决所有问题的锦囊妙计。

在我看来，企业界里几乎没有谁是因为上了某个班或某个学校而成为企业管理者的，即便从通用电气走出来的130多位世界500强CEO，我猜他们可能大部分也不是哈佛商学院毕业的。今天如果我们还期望着通过上某个班或某个学校来解决某个问题，可能就错了，那样我们这个班就成了一个包袱。

这个班只是给大家开启了一个学习的起点，你能不能从后备干部真正成长为一个一流的一线经理人，还需要有相当的历练和具体的工作。我以前写过一篇文章，说过所谓培训班就像商店里面摆着的空货架，只是为你搭了一个结构，内容要自己填上，而且要不断地填上。并不是你今天把“锦囊妙计”拿走了，问题就解决了，也不是你今天把这个课程学完了，学习就结束了，这个班最重要的主题就是赋予学员一个不断学习、不断理解、不断探索的能力。

从这个意义上说，只有在没有所谓外部计划压迫下仍可以主动学习、思考的人，才是一个真正能学习的人。

所谓学习，不是每天必须要做多少题，看多少书。走路的时候可以学习，跟小孩聊天可以学习，工作中可以学习。我希望我们的学习，是能够怀着一颗谦卑和敬畏的心来看待世界，能够把自己定位为一个谦卑、敬畏、充满好奇、勇于探索的人。只要你不断地学习、丰富自己，就会不断地得到外部新生事物的启发。新的问题是挑战，是机遇，也是一个让自己心智更成熟的机会。我们要通过建立一套系统的方法，科学的方法，收集信息的方法，加工信息的方法，实践和学习不断重复的方法，把中粮变成一所真正的大学，让大家在中粮大学的试验场中，不断地试验、反思和改进自己。

（2012 年 7 月）

领导人是设计“局”、认识“局”、引领“局”、识破“局”、整合“局”的关键，提供一个“局”的方案是一个领导人的能力。

局

从历史规律看，格物可以明德，也就是一个人对物质世界钻研得比较清楚，他的道德也相对会高尚一点，很多大学者在行为和道德上也是世人的楷模。如果一个人对世界、对人与世界的关系、对生命有比较深的理解，那么他会在道德和物质上做一些交叉和平衡。

对于发展到一定阶段的企业，学习容易出现两种情况：一是学习越来越多地变成一种形式，感觉学和不学差不多；二是学完基本不用。从我自身的经验看，如果能真正相信、吸收并运用某些学习到的知识，成为知识能动的吸收者和消化者，那么最后不仅自己能够取得进步，甚至还能够带动团队进步。

以全局的思维认识问题

中国有很多汉字，其中有一个字可以代表全世界，而且这个字和领导力也有关，这个字就是“局”。用“局”组成的词很多，我们应该怎么看这个字？这个字代表了怎样的思维方式？怎样的领导力方法？

“局”可以组成局面、局限、局部、局促、局内（外）、局势、局器；棋局、饭局、骗局、布局、格局、全局、开局、做局、结局、破局、僵局、时局、政局、赌局、战局、危局、残局、变局、设局、胜局、败局等词。

看过这些，我感到原来这个世界是由大大小小、形式和内容各不相同的各种“局”组成的。“局”到底是什么？“局”在中国人心目中代表的是一种多元素组合的、经过设计的、进行中的一种工作的方法和思维的态度；它是一种社会活动、一种事物存在的多元素相互作用的形式，是一种系统性。比如饭局一定是和事情有关系，一定有人组织、有目的、有参与者，这里面一定有设计，怎么请、请谁来、谁接、谁送、送什么东西，这是一种为了达到某种目标的活动。从中国近代开始，中国人所有的行动，基本上是被局势所逼迫的，无论是辛亥革命、戊戌变法、抗日战争，还是改革开放。每一次犯错都是因为我们对局势做出错误的理解，不了解所在的局势发生了什么。现在世界上发生的大大小小的任何事情，当你观察其进展、态势及牵扯到多方面因素的时候，会发现它是一个互为因果、相互作用，被系统地梳理、设计和维护了的局面。

“局”自身是多因素、多系统相互作用的，这种观察和理解“局”的方法，我觉得对于领导力是非常重要的。

说到企业，企业大部分的“局”是设计出来的，是由企业家、战略家设计出来的，是一个战略方法。我建议大家看看通用电气过去 30 年的历史，局面变化非常大，这个“局”就是韦尔奇设计的。从 20 世纪 80 年代开始，韦尔奇一步步把通用电气带领到全球第一大市值，成为全球最好的工业企业，而且每年都能实现既定的业绩指标，但即使这样一个聪明的人，这样一个成功的企业，也抵挡不了整个大局的变化。金融危机之前，通用电气买了很多所谓的次贷，因为资本量大，它追求 2% 的回报就可以了，总量 2% 的回报回到 ROE（净资产收益率）上就很高。但是，金融危机一来，通用电气马上就受到影响。通用电气这个“局”的存在和大的金融形势密切相关，通用电气之前的蓬勃发展也是与美国繁荣的金融市场分不开的。要看到整个局里的每个因素，只看某个小因素就可能有问题。

中国的企业很有意思，中粮也一样。我们做大了规模，做出了利润区，但越做毛利越低、销售利润越低，ROE 回报率也越低。这里美其名曰“先做出规模，做出市场份额”，这也可能是对的。但反过来讲，在这个过程中，没有看到这个格局或布局里我们的竞争力在哪儿，最终的利润区在哪儿。

从中粮现在的产品组合局面来看，想通过单纯的提价获得利润是行不通的。为什么？第一，因为经过长时间销售，消费者会认为你的产品就不行，这第一认知是很难改变的。第二，这个局面不是简单形成的，而是从整个商业理念、市场认识、内部产品研发和生产、销售渠道的选择开始的，同时还涉及品牌的推广定位，以及整个团队自身的经营水平。这又是个“局”。我强调这个“局”是多种复杂因素放在一起的，我们要看到一个全体，看到一个系统，看到这里面的互相制约。因此，解决这个问题必须以系统思维方法设计一个方案，而不能只简单地提价。

这个局面怎么解开？这里有两个层面的问题。我刚才说的只是产品组合层面的问题，是在高端还是低端，可以参考一本书《发现利润区》。在另一层面，相同的产品，比如同样是豆油，价钱也是不一样的，不是所有豆油都用同一价位的原材料和相同的工艺制作而成，因此成本也不一样。咱们的质量一点不比别人差，某种程度上还比竞争对手好，但完全一样的东西价格不一样，为什么？这种情况怎么来做？怎么样才能使中粮所有的产品在整个大的竞争格局下赢得优势？是通过布局？还是制造一种变局或者是战局？投资一样，成本一样，质量一样，服务一样，在这种情况下，通过什么样的元素能够使我们和竞争对手至少毛利一样？我们在产品上能不能逐步移到利润区去，能不能移到引领市场的利润区域里，这需要什么要素？是需要做研发还是做广告，是需要提高产品质量还是要降低成本？这是一个商业模式的设计，我把它也叫成一个“局”。

之所以今天说“局”字，是因为我觉得用了这个字以后，使我们对很多形势、很多事情，更加理解，更容易抓住本质。“局”类似于系统思维，不过它更有能动性，更有设计性，更鲜活，更有相互作用的因素。

提升把握全局的能力

领导要能把握大局、看清局面，制造一种局势，做好布局。领导力要求是非常均衡、非常综合的。我以前说过，有人做领导是通过职务任命的，别人服从于这种权力，听从领导，但心里不服，这种局势能维持一二十年。这些人就是职务型的，没有别的影响力。有人是通过亲情关系，认为大家是一伙的，一块儿干，也行得通。有人通过纪律，也能维持。当然还有很多人通过战略、通过方法、通过自己的能力领导别人干活。但这些都不是把握了大局。把握了大局的领导一定是在一个相对复杂和动态的环境下，能够根据团队成员个性的不同赋予工作，又根据其共性来提升每个人对组织的认可和贡献的人。每个人的个性、能力各有不同，要赋予的职能也就不一样。人也有共性，也就是人性方面的共同需求。你能在找到员工的共性的基础上，把这种共性和组织的目标连起来吗？连不起来就不是领导。

刚才讲的“局”这个字，在领导力里面，你必须能够把握“局”，然后将其运用到企业里，看任何事情用一个比较系统、全局、大局和局器的眼光。“局器”原来是指人很讲义气、很爽快。扩展一下，每个企业家、每个经理人都应该是很“局器”的人，必须把前面提到的“局”都认识了，必须把大系统认识了，并能动地把握变局。

“局”本身不是单一的现象，而是一个综合现象，我希望我们能把每个因素都分开。细分因素、细分层次的方法是企业管理里面非常重要的一个方法，笼统的方法永远解决不了问题。领导力往往很大、很笼统，最后什么问题也解决不了，为什么？你没有把矛盾细分开。只有把“局”里面所有的因素和起作用的元素一个一个细分了、定义了，把它们互相之间的作用理解了，你才能把握这个大的格局。

“局”到底是什么？“局”是一种方法，是领导力的一部分。第一，“局”是多元素的组合，不是单一的。第二，“局”是一个复杂结构的相互依存。第三，“局”是元素之间系统关系的相互作用、相互依存、此消彼长、共同成长。第四，“局”是大小战略的组成。这里涉及“局外人”的问题，“局外人”不在局中，看不懂这个“局”，那么就看不懂这个系统，因而对系统没有认识，没有用比较完整和系统化的眼光来分析这个事情。第五，“局”要求既看局部，又要看全局。第六，“局”是动态的局，“局”中各项因素是不断发展、不断变化的。第七，“局”是资源整合的结果。第八，对“局”的认识是对未来的准备。最后，领导人是设计“局”、认识“局”、引领“局”、识破“局”、整合“局”的关键，提供一个“局”的方案是一个领导人的能力。

世界是“局”构成的，社会是由不同元素所形成的，由相互关联的大局小局构成的。认识“局”对我们分析企业，从战略到产品，以及分析一个地区或国家的经济形势，有一定的启发。更深入的，可以把这个“局”打开，把里面的元素划分开，可以划分为主动的、被动的，主要的、次要的，起因性的、结果性的，还可以把哲学的东西放进去，这样你就会形成一种思维。但最主要的是要通过不断重复，把这种方法变成一种习惯性思维，并运用到实践中。

（2012 年 8 月）

每个经理人应该不是简单地把问题局部化，而是形成一个系统，而这个系统就是对一个行业真正的、专业的认识。

均好、创新、专业

《高效能人士的七个习惯》这本书大家可能都知道，我好像也看过。大家回头想一下，第一个习惯是什么习惯？实际上，以终为始不是第一个习惯，第一个是积极主动，但它却是七个习惯里面非常核心的一点。我猜作者写这本书的时候一定是从“以终为始”开始的，后来慢慢发展成一本书。

这本书在印了几百万册以后，所有正在工作的、自以为懂的人都不再看了。可是其中最基本的东西我们可能忘了，比如以终为始。

一个企业家，在素质、专业、能力和要经历的过程等方面，什么最重要？我猜这就像七个习惯一样，大家心里都知道，比如要创新，要把重要的事儿放在第一位，要双赢，要整合资源等。但是，问题是想多了可能就把最重要的东西忘了，比如说要以终为始。有多少人可以做到以终为始呢？在《高境界》里，我说要把目标放得高远一点。因为你也可以摆个小摊卖煎饼果子，每天赚一百块钱，很成功，积累性很强，每天都有结果；你也可以做一个通用电气，用一百年做出来全球最大的公司。最近，我在香港刚刚和伊梅尔特吃了饭，他们现在发展得并不是很好，因为他们市值落后了很多位，被苹果、谷歌等公司超过了很多。我问他现在怎么办？他说：我未来三年计划派100亿美元以上的股息给股东，就是说我现在用不着这个钱了，没有特别大的项目要做了。我觉得通用电气真是非常专业的企业，伊梅尔特真是职业的企业家，职业性就在这儿——我用不了的钱派给你，股东照样收益很高。

我认为，企业家最重要的素质是看你能不能创立一个事情。香港的物业管理公司是低收入、低风险的公司，基本是工人退休了之后去物业管理公司。我不觉得他们是创造性的企业家，没创造出来东西的企业家不是了不起的企业家。没有改变、没有创造，不算是真正的企业家。我觉得，中国的企业到目前为止不是特别受人尊重的原因之一可能在于中国没有出现特别具有创造性的大的企业，像苹果公司，在几年之间改变了一个行业或者提升了一个行业，一下子就变成了一个大的公司，影响了每个人的生活。我记得在外国一个飞机场看过一个广告——*Again We Change The World*。这个广告做得很傲慢，但是中国企业就没有这种气势。

一把手掌握了一定的资产，就有了一个很好的平台和种子。你可以往前走了，但能走多远就看你自己了。当然会有很多外部环境的影响，你可以找一堆借口出来。但当你找第一个借口的时候，你已经失去了做企业家的资格了。“那不行，谁谁比咱有钱”“那不行，咱没钱”，这些都不是企业家的话。你只要说出其中一种借口，就变成看大门的了。没有创造，只会看摊。

真正的企业家一定是一个有创造的人。创造里面就包括了前瞻、有目标、敢担当、带团队、整合资源，以及最重要的以终为始。企业家是改变世界的人，改变不了大世界，改变小世界也可以；他是一个对现实不满的人，因为他心目中的理想是高过现实的，他一定会去改变它。想改变就得创造理念出来，就要组织资源，要带领团队走过一个坚韧的、波折的旅程。我觉得，没有这个过程不算是企业家。

企业家还要很专业。专业性的问题，往往和战略是连在一起的。别人干得好好的，你就不能干，那你这也不能干，那也不能干，你能干什么呢？你这个样子什么也干不了。本来这个世界资源不多，你搞了一把投资，把世界搞乱了，把通货膨胀搞上去了，把企业搞黄了，为什么？专业性不够。反过来讲，很多时候也是在不断地修正战略，不断地调整战术，我在华润时说过战术可以软禁战略。当时中国刚刚开始进口石油，华润在青岛一个小港口有二三十个罐，一年二三十万吨的储藏量。后来中石化去了，引出来一根管子，直接弄到新炼油厂，华润的罐子就没用了。华润油罐仓库的经理，很快开发了在青岛市周围的小炼油厂、小客户，拿油车给人家送，又挺红火了。当时我说，你这是典型的用你的战术挽救了战略。

企业家在创造一个业务的过程中，会面对资源的短缺和限制，以及能力、心智、毅力、信仰的种种考验。如果每个团队的成员没经过这种考验，舒舒服服地要钱拿钱，要什么就有什么，糊里糊涂地就过来了，生意也许做得还可以，但一般都不会在竞争环境中成功。企业家的素质和能力，能够把一个人调动起来，去推动公司的进步，否则就不是一个企业家，就只是一个看守的人，实际上也看守不住。

（2013 年 3 月）

如果上面说的这些条你都能做到，每条都做到，一条不能少，你就可以试试做企业的经理人了。

你行吗

你精力充沛、不知劳累吗？你总觉得眼前的一切不够好你想改变它吗？你心里总有一团不灭之火要创建业务发展公司吗？你不断爱观察、爱学习、爱研究，对周围的事物有不断深刻的认识吗？你有科学专业的原则和精神吗？你有科学专业的习惯和工作方法吗？你真心虔诚地经历过科学系统的洗礼吗？你是你这一行业的专家吗？你能发现问题、提出解决方案并把它完成吗？你能有意识地建立管理系统让运营更畅顺，让错误不重犯，让组织一起进步吗？你对人性有深刻的认识吗？你对社会环境有深切的认知吗？你的人生定位、生活目标与社会的、公司的、家庭的目标一致吗？你明白你的任务是看管别人的财物吗？你心理上舒舒服服地接受了你是“放牛娃”吗？你真心地认为人人是平等的，每个人都是要尊重的吗？你可以是理想主义者又是完美主义者又是现实主义者吗？你可以并不十分在意个人的金钱回报吗？你有前瞻性吗？你能提出设立战略目标吗？你在不断地创新创造吗？你赞成企业的本质是科学加信任吗？你有清晰地传达你的意图的能力吗？你能组建带领团队吗？你可以自然地把自己当成团队一员而不是有隔阂的所谓领导吗？你可以自律、可以以身作则吗？你有坚忍的性格吗？你受了委屈也能笑脸相迎吗？你宏观有认识、微观有把握，可以同时搞战略和执行吗？你能突破一般的开会讲话而把团队的思维水平和境界提高吗？

你可以把任何项目都在几分钟内心中算出一个基本回报吗？你有判断力吗？你可以很快对问题不仅仅是评论甚至批评但可以找出原因并教育团队吗？你敢冒险吗？你有能力控制风险吗？你有良好的价值观和信仰原则吗？你公正吗？你廉洁吗？你厚道吗？你智慧吗？你机敏吗？你精明吗？你正直吗？你心口一致吗？你敢反思批评自己吗？你敢承担责任吗？你能遇到问题不回避，出了问题不找借口吗？你时刻准备着明天你可能会被免职吗？你敢做出及时的决策吗？你敢大胆启用有能力有潜力的人吗？你能发展业务而不是守摊儿吗？你可以成功地建业、创业，革命性地推动事情吗？你有气场吗？你有带动力吗？你是汗水、泪水、泥水满身的登山领头人吗？你好胜吗？你要荣誉吗？你不服输吗？你诚实吗？你可信吗？你能把利益平衡好，让大家都感觉公平并为了共同目标充满激情地快乐奋斗吗？大家认同你的目标和信仰吗？关键时刻你能冲锋吗？你能"把信送给加西亚"吗？你能抓住事情的根本吗？你能一针见血解决问题吗？你能放权授权让团队发挥吗？你能把握好你什么时候出场吗？你能总结经验教训让大家更聪明吗？在集体目标的追求中你受感动吗？你忘我吗？你做正确的专业的事吗？你坚持持续地做正确的事而不因眼前的诱惑而取巧吗？你的思想和做法会给组织带来目标驱动和奋斗的压力吗？你能不断适应新的环境、新的更挑战性的职务吗？你是学习型经理人吗？你启发人培养人吗？你有第二梯队可以随时接替你吗？你能理解人是暂时的，企业是长远的吗？你自信吗？你的信心和热情会感染团队吗？你能规划一件大计划吗？你能调动组织所有的资源来促成这一计划吗？你对市场有敏锐深刻的感觉吗？你激励人、奖励人吗？你有不断释放正能量乐观向上的精神吗？你对组织行为有深刻的认识吗？你是领导但你有领导力吗？你关心大家吗？你协同吗？你大度吗？你阳光透明吗？你是目标导向吗？你是业绩导向、结果导向吗？你关注费用成本投入产出吗？你是当家过日子的人吗？你可能是好成员但你是好领导吗？你是自我驱动吗？你是有些天真烂漫的奉献者吗？你铁面无私吗？你是严厉的长官吗？你菩萨心肠吗？你柔情似水爱你的团队吗？你能集思广益群策群力又能力排众议坚持担当吗？你的底线原则在哪里？你勇敢吗？你乐于接受挑战吗？你认为越是艰难的工作才越能发挥你的能力吗？你能把小业务做大吗？把坏业务做好吗？你能无中生有创立别人想不到的业务吗？你享受你的工作吗？你很少怨天尤人吗？你知人善任吗？你看人准吗？你看事准吗？你有商业直觉吗？你在琢磨思考吗？你的观察思考是系统的吗？你能承担过错分享功绩吗？你的战斗激情可以长期持续吗？你主动吗？你决策快效率高吗？你天文地理、古今中外、精神物质、科学技术都略知一二吗？你驾着企业这艘船知道要去哪里吗？你敢打硬仗吗？你能把握转折点完成关键资产技术产品布局把企业带入新阶段吗？你不断关注了解外面的世界吗？你了解竞争对手和行业趋势吗？你关注、热爱、敬畏你的客户吗？在企业环境困难的时候你是忍辱负重者吗？在企业顺利的时候你是衷心喜悦的祝福者、捍卫者和不断警醒者吗？你能自嘲吗？你能幽默吗？你能优雅吗？

如果上面说的这些条你都能做到，每条都做到，一条不能少，你就可以试试做企业的经理人了。

你行吗？

（2014 年 1 月）

忠良文化体系是中粮人对自身文化的理性归纳，但距离真正的文化习惯的形成和内化成自发自觉的行为还任重道远，我们还要进一步强化经理人的示范与引领作用，选树和学习忠良榜样，加强文化管理，健全保障措施。

深刻理解社会主义核心价值观的丰富内涵

今天我们在这里召开会议，庆祝中国共产党成立 93 周年，并对“一先两优”和“班组建设先进单位”、“阳光班组”和“忠良员工”进行表彰。首先，对刚才获奖的所有集体和个人表示热烈祝贺！对在中粮每一个平凡的岗位上辛勤工作、默默奉献的广大党员和员工表示亲切慰问！祝贺大家在过去一年中取得了很好的成绩！

每年七·一前后，我都会讲一次党课，跟大家分享一下自己对某个问题的思考和体会。今年是第十个年头了，也算是一个传统、一个习惯。今天我想给大家讲讲社会主义核心价值观，说说我对社会主义核心价值观主要内涵的一些理解和体会。

党的十八大报告指出：“倡导富强、民主、文明、和谐，倡导自由、平等、公正、法治，倡导爱国、敬业、诚信、友善，积极培育和践行社会主义核心价值观。”当我第一次听到这 12 个词的时候，忽然感觉眼前豁然开朗。这么多年以来我们锲而不舍地探索社会主义核心价值观，最终形成了这 12 个词。这 12 个词明确了社会主义核心价值观的基本理念和具体内容，指出了社会主义核心价值体系建设的现实着力点，是对社会主义核心价值体系建设的新部署、新要求。

社会主义核心价值观的提出

马克思、恩格斯在科学社会主义的思想理论体系中，将“人的解放”和“人的自由发展”作为终极价值追求的目标，并对实现这种目标的指导思想、制度保障、主要方式等做出了初步的论述和阐释。尽管马克思、恩格斯没有明确论述社会主义价值体系和价值观等问题，但他们的理论和阐释勾勒出了社会主义价值体系和价值观的蓝图，从根本上确立了社会主义价值本质不同于以往任何社会统治阶级的价值本质。

新中国的建立，确立了社会主义基本政治制度、基本经济制度和以马克思主义为指导思想的社会主义意识形态，为社会主义核心价值体系建设奠定了政治前提、物质基础和文化条件。改革开放以来，我国社会主义意识形态建设不断进行新的探索。2006 年 3 月，中国共产党提出了“八荣八耻”的社会主义荣辱观；2006 年 10 月，党的十六届六中全会第一次明确提出了“建设社会主义核心价值体系”的重大命题和战略任务；2007 年 10 月，党的十七大进一步指出了“社会主义核心价值体系是社会主义意识形态的本质体现”；2011 年 10 月，党的十七届六中全会强调，社会主义核心价值体系是“兴国之魂”，建设社会主义核心价值体系是推动文化大发展大繁荣的根本任务；2012 年 11 月，党的十八大报告明确提出“三个倡导”，这是对社会主义核心价值观的最新概括；2013 年 12 月，中共中央办公厅印发《关于培育和践行社会主义核心价值观的意见》，明确提出以“三个倡导”为基本内容的社会主义核心价值观，是我们党凝聚全党全社会价值共识做出的重要论断。

社会主义核心价值观的丰富内涵

社会主义核心价值观的三个层面

富强、民主、文明、和谐是国家层面的价值目标，在社会主义核心价值观中居于最高层次，对其他层次的价值理念具有统领作用。国家层面主要是提出价值目标，虽然听起来比较枯燥，但的确需要给大家指明一个努力的方向。这里的每一个词都在历史上被先哲们反复探讨，留下的谈及民主、阐释文明的著作不下几百本，而今天作为社会主义核心价值观提出来，这些词被赋予了更新更广更有时代特征的内涵。

自由、平等、公正、法治是社会层面的价值取向，反映了中国特色社会主义的基本属性，也是我们矢志不渝、长期实践的核心价值理念。社会层面谈到的自由、平等、公正、法治，我们平时用得非常多，而我觉得价值观是中西方最有共通点，大家都追求的一个东西。

爱国、敬业、诚信、友善是公民个人层面的价值准则，它覆盖社会道德生活的各个领域，是公民必须恪守的基本道德准则，也是评价公民道德行为选择的基本价值标准。

这 12 个词从国家、社会和公民三个层面描绘了中国社会的美好画面。当然，作为一种目标取向，它暗含了内容的深厚性、形式的多样性、路程的复杂性，是我们全党和全国人民所追求的一个理想，是我们努力的方向。下面我就把自己对社会主义核心价值观的理解来与大家一起分享。

国家层面

富强、民主、文明这些词在西方发达国家所推崇的核心价值观里也有。当年欧洲的启蒙运动、美国《独立宣言》和法国《人权与公民权利宣言》确立了“自由、民主、人权”等普世价值，这些词在西方与中国社会主义核心价值观中的内涵有重叠，也有不一样的地方。

第一是富强。富强这个词让人心潮澎湃。如果我们回顾中国历史，就很难用一般的标准来看待富强这个词，因为中国有自己独特的发展路径，有大多数国家没有经历过的曲折历程。自古以来，中国这个泱泱大国周边的环境一直极为险恶，历史上与周边国家的征战从没有停止过，几次被其他民族征服蹂躏。中国很早就有富民强国的思想，如《论语》的“足民”、《管子》的“富民”等治国之道。1840年以后，由于西方列强的入侵和清王朝的腐朽，中国一步步沦为半殖民地半封建社会。从太平天国到洋务运动，从戊戌变法到辛亥革命，那个时期中国的主要城市基本被瓜分了，主要的学校是外国人建的，主要的医院也是外国人建的。面对鸦片战争后中国的贫弱，从洋务派提出的“辅以诸国富强之术”，到维新派提出的“变法图强”，再到孙中山资产阶级革命派提出的实业救国，“振兴中华”，具有先进思想的中国人进行了各种富强之道的探索。从十月革命一声炮响，到1921年中国共产党应运而生，中国人民不断在探索，不断在斗争，中华民族面对的求得民族独立和人民解放、实现国家繁荣富强和人民共同富裕的重大任务，历史地落在中国共产党及其团结带领下的中国人民的肩上。建设富强的中国，写进了不同时期的党的全国代表大会的报告或《中国共产党章程》中，作为努力奋斗的目标。到今天，我们说中国富起来了，一定是在中国共产党领导下完成的。今天我认为算是到了一个中国在历史上、在国际上最富强的阶段，即使我们有针对这个国家的很多批评，对一些事情的不满意，依旧掩盖不了富强这一事实。

说到国家的富强，即国富民强，大家必然是会联系到国家的政治制度、经济制度、人文文化、科技水平，当然也涵盖国家的生产力水平、自然地理。我们在社会主义的富强之路上已经取得的历史性成就，使得我们的实力更强、基础更牢、优势更大、起点更高，这为我们在新的阶段持续发展、继续繁荣创造了良好条件，打下了坚实基础。富强也体现在一个民族的影响力。说到这里，我想强调一下，富强是和我们的中国梦密切联系的。我们现在正站在新的历史起点上，致力于在中国共产党成立一百年时全面建成小康社会，进而在新中国成立一百年时建成富强民主文明和谐的社会主义现代化国家。这“两个一百年”，是实现中华民族伟大复兴的“中国梦”，实际上也就是实现“富强中国梦”的奋斗目标。为此我曾经写过一篇小文章，说中国的富强和国际上通常提到的其他国家富强的路径、方式，以及未来的可持续性应该是不一样的。如果我们把富强放在社会主义核心价值观的第一位、当成第一追求目标，由此可以推断国家的所有政治、经济、人文的未来，每个中国人的前途和命运都一定与国家富强紧密相连。富强的中国梦体现了中华民族和中国人民的整体利益，但是是有阶段的，不是一蹴而就的。

国家怎么能够富强？从理论来讲，富强主要是一个经济概念。我国最早的经济学中文译名就是“富国策”或“富国学”，亚当·斯密的经济学名著《国富论》在19世纪末的中国亦曾被译为《富国策》。反过来讲，富强是需要一些条件的，中国人为此做过很多思考，商鞅变法就开始讲，讲政府讲土地，中国人在历史发展的各个阶段都在进行探索。中国人今天谈论的富强包含了更多现实的含义和具体的做法，中国人所提出的国富民强，主要是涉及国家财富和民众财富之间的关系，并且还在不断做出调整，包括我们很关注的国有企业改革。如果说国有企业不能遵循社会主义核心价值观，达到富强的目的，而仅仅是一个垄断，是一伙人、一个小团体的利益核心，那么就与社会主义核心价值观背道而驰了。

第二是民主。这个词在中国是说得最多的一个词，也是最容易被误解、引起争议的一个词，更是比较难讲的一个词。中国是个一党执政的国家，一党执政的国家和民主有什么关系？我认为主要体现在两个方面：第一，充分体现我们党和国家对民主的一种长远追求；第二，体现了民主所具备的中国特色，适合中国发展的特定阶段。

西方民主理论非常多，一般说被推崇的西方的民主是从伏尔泰开始。17、18世纪，随着资本主义的兴起，一批像伏尔泰、孟德斯鸠、卢梭等启蒙主义思想家，用“民主”来反对封建王权，痛斥“君权神授”，主张“社会契约论”，这些基本上是建立在欧洲的思想文明基础之上的，并和当时的欧洲工业革命相吻合。中国的民主进程不一样，中国的民主进程是中国人自己做出的历史选择。清朝末期，为了做垂死的挣扎，慈禧太后不得不摆出自强心态力求振作，向国民宣布实行君主立宪，用改变国家体制的办法来挽救统治危机。然而清朝长期腐败堕落，所谓君主立宪其实只是一场名不副实的骗局，只是愚弄人民，延续清朝苟延残喘的独裁统治而已。彼时的君主立宪，实际上是当时的中国人在内忧外患交错下探索的结果，因为国内国际的各种环境并没有给中国人更多的路径去选择。这个路径走到今天，和我在前面讲的富强一样，是有中国特色的民主路径。

历史上民主的形式多种多样，而今几乎每一个国家都认为他们基本上是民主的，没有一个政府承认自己是独裁。每一个国家都有自身独特的民主形式，主要取决于国家历史的发展阶段及民众的选择。党的十八大强调，“继续积极稳妥推进政治体制改革，发展更加广泛、更加充分、更加健全的人民民主。”党的十八届三中全会提出，更加注重健全民主制度、丰富民主形式，推进协商民主广泛多层制度化发展。从中国的现状来说，民主主要表现为在一个政党带领下不断探索政党内部民主、不断民主决策的一种进程，而并不表现为一人一票的进程。中国式民主是中国共产党领导的人民民主，是保证最大多数人当家作主的民主，是以民主集中制为根本组织原则的民主。中国式民主既植根于历史文化传统、立足于现实国情，又借鉴了人类政治文明的有益成果；既保证了国家政策的连续和社会的长期稳定，又保证了人民充分享有自由和权利；既能广泛汇集人民智慧，又能迅速集中意见、形成决策，体现了民主与集中、公平与效率、分工与协作的统一。我们应该本着谨慎和理性的态度来推进我们定义中的中国民主的进程，中国式民主是在社会不断发展中不断深化逐步完善，而最终以何种形式呈现，并没有既定的标准。

第三是文明。过去我们讲文明讲礼仪，主要针对的是公民的文明素养，例如过马路不闯红灯就是文明行为。如今我们把这个词放入社会主义核心价值观，文明则是一个综合的内涵。

文明是个多义词，拥有多重含义，不同层面的解释是不一样的。20世纪法国著名史学家布罗代尔写过一部《文明史》，实际是一部简明世界通史，不仅反映政治军事状况，更呈现经济、社会、文化等人类活动各个方面的整体，实际上这里的文明，就是一个含义很广的词，世界历史就是文明史。文明可以说是社会和国家发展的一种状态，是国家发展境界的集中体现，是社会秩序的确立，是非常综合的一幅图画，从物质富裕到精神丰富，到人文艺术进步，涵盖了我们熟悉的物质文明、精神文明、政治文明、社会文明、生态文明。文明也是国家软实力的重要组成部分。封建时代中国发展长期居于世界前列，被描述为最文明的国家；新中国成立前，中国积贫积弱，国民被视为“东亚病夫”；改革开放30多年的发展进步，使中国摆脱了落后状态，国民更加自信，世界为之瞩目。

建设文明国家，是我们党领导中华民族复兴的重要追求。党的十八大报告指出：“文化软实力显著增强。社会主义核心价值体系深入人心，公民文明素质和社会文明程度明显提高。”文明虽然是国家的软实力，但是它的建成，则需要有国民的硬素质。我国经济社会要保持发展的良好势头，为物质文明、政治文明、精神文明和生态文明建设提供坚实的基础，还必须从提升每个人的修养做起，使国民成为文明的人。几个月前我在朝阳区看到一条大标语，“文明朝阳欢迎你”，还特意附了英文，文明翻译成了“ Civilized ”。我觉得这个词的英文翻译是有问题的，“Civilized”这个词在英语文化中指刚刚脱离了蛮夷的状态，与我们汉语中的文明内涵并不一致。文明的人可能具有很多种品质，但我觉得至少应该是进取的人、是自律的人、是守礼的人。

第四是和谐。追求和谐是人类社会发展的重要价值。中国自古就形成了“和而不同”“天下为公”“天人合一”“大同世界”等和谐思想；西方社会自古希腊毕达哥拉斯学派主张“数的和谐”起，出现了如柏拉图的“理想国”，傅立叶的“全世界和谐”、欧文的“新和谐公社”等和谐思想。这个词对于中国特别适合，因为中国是一个非常大的国家，有五十六个民族、广阔的发展区域、多种的思潮。和谐也是一种理想状态，随着中国经济的发展，希望社会能够整合成一个整体的、统一的、互相包容的、目标一致的、利益共享并且能够可持续发展的状态。

在社会主义核心价值观里提出和谐，我觉得对于人与自然、人与社会、人与自身之间的关系是一个基本的规范，这种关系不是斗争型，不是你死我活型的，是相互共存、共同发展型的。相比于自由、平等、公正，和谐无疑是从更宏观的视域来构建一个符合人性的人、自然、社会共融的生态环境。社会和谐是中国特色社会主义的本质属性，构建民主法治、公平正义、诚信友爱、充满活力、安定有序、人与自然和谐相处的和谐社会成为我国社会主义建设的时代任务。

四个词讲下来，我发现其实每个词都可以好好研究，做成一个理论体系，让大家深刻理解、真正认同并逐步实现。

社会层面

接下来讲第二个层面，即社会价值层面。自由、平等、公正、法治，这些词的研究多是来自国外学者，被大家认可的理论大多是来自国外，而我们的自由、平等、公正、法治则更具有中国特色。

第五是自由。十九世纪英国著名思想家约翰·密尔写了一本《论自由》，严复在1903年译成了中文，名为《群己权界论》。严复之所以翻译成《群己权界论》这个拗口的名字，在于他认为自由是如何定义个人和社会的关系，个人和社会之间权力界限的划分是其核心要义之所在。这里涉及自由的具体定义，那种想说什么就说什么，想干什么就干什么，个体能够完全按照本身所具有的意识和能力去做任何事情，是绝对的自由，并不是《群己权界论》定义的自由。自由应该是相对的自由，人类或其他具有高等行为的个体在外在的约束条件下能够去做任何事情。对任何社会而言，其中社会个体的自由均是相对的自由，必须受到该社会的约束。

由此我们可知，自由是和社会发展阶段相联系的。我党历史上先辈们前仆后继投身革命，追求自由、民主、富强的理想。而今我们所谓的自由，已经远远超越了过去的范畴。自由，主要是指公民在法律规定的范围内，自己的意志活动有不受限制的权利。我国宪法明文规定了人民拥有广泛的政治权利自由、人身权利自由、宗教信仰自由，以及诸多经济、文化和社会权利等。当下我们的互联网自由、出国旅行的自由、迁徙到其他国家其他地区居住的自由，更是从前闻所未闻。当然，我们的自由是范围之内的自由，突破了这个范围就要受到惩罚。目前来讲我们是有互联网的言论自由，但不是 100% 的自由，是相对的界限内的自由，我们也依旧在不断争论不断探索这些自由的界限究竟在何处。

我认为中国目前讲社会主义核心价值观是给国人在意识形态和价值取向上的一种启蒙教育，一种深刻的反思。如果不理解什么叫自由，而只将其微缩为最极端、最利己的层面，这个词就变成了一个坏词，于社会于国家都有害，自由的内涵就变了。中国作为一个拥有 13 亿人口的大国，和一个只有 100 万人口的国家采取的治国政策肯定是不一样的；中国当下的经济发展、政治体制都有其独特性，其发展的历史阶段也是不一样的。当我们重新定义了自由，即使根据中国的特点定义得比较窄的时候，它也成为我们的一个长远追求目标，社会主义核心价值观里把自由放在第二个价值取向的第一条，我们应该把它看得很重。

第六和第七是平等和公正。我把这两个词放在一起来讲。平等、公正是西方社会的核心价值，2300 年前柏拉图的《理想国》是从三个等级的划分来看待社会的公平正义，西方哲学里面将其作为社会赖以维系秩序和稳定的根本道德规范，是整个社会政治法律制度的伦理基础。

平等是人类社会的终极理想状态，也是社会主义社会的重要准则。从“不患寡而患不均”到“等贵贱、均贫富”；从“平等就是穷人不占富人的便宜”到“一切人生来都是平等的”等，这些都充分体现了人类对平等的认识和追求。除了天生残疾，人生来差不多是一样。不平等的第一步是教育，因为所受教育不同，导致能力不同，选择的职业不同，收获的财富也不同，不平等也就随之出现。美国著名政治哲学家、伦理学家约翰·罗尔斯作为政治自由主义的重要代表，他的“正义原则”和“平等观”对20世纪70年代以来的社会民主主义的中左政治运动产生了重大影响，也是迄今为止西方社会上所有对平等、公正价值观念所作的解释中最令人满意的一种。罗尔斯把他的公平观概括为两个原则，第一个原则为平等自由原则，第二个原则为机会的差别原则与公平原则。现在有一个词叫社会可流动性，指个人在阶层里向上或向下的流动情形。有各种迹象表明近十年以来我国的社会流动性有下降的趋势，农民在农民那转，工人在工人那转，有钱的人在有钱的人那转。穷的家庭虽然在经济改革当中也得到了不少好处，但他们仍然处在非常贫穷的状况。同时，很多人过着非常奢侈的生活，就是富二代、富三代等。为什么全社会如此重视高考，因为高考相对来说是公平的，是促进社会流动的一个最好手段。

法国经济学家托马斯·皮克提在其所著的《21世纪的资本论》提出，经济增长成果的分配不平均在市场经济社会里正在拉大，且有加速的趋势。这里是否公平不是从道德来看，也不是从不同的社会制度来看，而是使用了大量数据，分析了一个基本规律：在一个稳定体系中，财富型收入远远高于劳动型收入。因此可以推导，富二代继承的资本创造的财富远远比用劳动力来工作创造财富要快，因为财富资本收入和劳动收入是不一样的。我觉得发现这个规律很好，至少指出了一个路径，要想创造更多的财富你就得放弃打工选择创业，哪怕只有一块钱也是创业，是资本运作。每天上班获取工资就是出卖劳动力，工资再高也是劳动收入，所以党的十八大报告里提出了“多渠道增加居民财产性收入”。

任何一个社会都有人们认为不公平不公正的现象存在。2011年的占领华尔街运动，示威者就是要反对美国政治的权钱交易、两党政争及社会不公正。虽然占领运动受到了广泛关注，但最终也没有找到解决的办法，因为社会的既定规则已经形成，贫富悬殊并不能通过均分社会财产而得以解决。你可以努力加入银行当CEO，但你不能抢人家的钱财，这样就没有法治了。要么就创造新规则，没有新规则，至少既有规则带来了一定程度上的平等和公正。

但是，现在有什么问题呢？平等、平均、公平、公正、均等，所有的这些词都没有一个特别清晰的概念。从概率来说，任何一个社会一定是穷人多，富人少，呈现金字塔的分布；如果不理解这个道理，就会认为社会不公平，因为穷人多。举个例子，如果哪个国家举行全民投票，不管是社会主义国家还是资本主义国家，要把全国的财富放到一起除以全国的人口均分了，老百姓一定同意，因为大部分人觉得自己占有的财富是不够的。企业也是一样的，因为分工不同，有人当总裁，有人当秘书，如果乱了就有问题。我相信如果今天我们去投票，评价一下企业是不是公平，不知道会不会超过一半人说是不公平的，因为我们员工满意度里对薪酬的满意度比较低。虽然我们做不到100%公平，但公平公正在企业里起着至关重要的作用，任何不公平行为都会严重打击真正有能力而又能干事的人。对于中粮而言，你如果觉得这个地方不公平，你可以有三种应对方式：第一，投诉；第二，抗争；第三，离开。如果今天我们奖励了一个各方面不好的人，其他所有的人就没有动力了，这就是一个价值取向问题。

刚刚我讲到了社会流动性，社会最重要的规则就是在社会流动性的方格里流动的路径是公平的，而不在于流动的结果。结果一定是不均等的，关键是在流动过程中，从中学到大学，从校园到职场，从低级别岗位到高级别岗位，到创业的过程中，机会是公平的，这才是一个公平的社会。我希望我们是一个流动性很强的社会，也就是说穷的孩子可以成为富的人，富二代不好好工作也可以变穷，如果社会流动性不强就非常令人担心了。中国社会现在进入了一个新的发展阶段，我们面临着经济转型的重大课题，但我觉得更大的命题是怎么转变我们的社会结构，怎么增强社会的流动性，怎样使社会里所有的人，尤其是所有年轻人都感到有机会、有积极性。只有这样才是一个健康的社会，只有这样才是一个能够保证经济长期增长的社会，因此社会主义核心价值观把平等和公正作为了我们的长期追求目标。

第八是法治。中国共产党自创建之日起，就将实现国家和社会的法治作为己任。改革开放以来，邓小平同志强调，要“做到有法可依，有法必依，执法必严，违法必究。”党的十五大正式提出“依法治国”方略。党的十六届四中全会提出“依法执政”的要求。党的十八大强调“法治是治国理政的基本方式”。法治这个词国家讲了很多年，这确实是我们民族的诉求。从价值观层面来看，法治不仅仅是一种工具，而应该是信仰，因为信仰的作用最大，有了信仰体系以后再说技术体系。正如我们新发布的忠良文化体系里的阳光环，从内到外分为理念系统、行为系统和传播系统，而最重要的是里面的核，就是我们的理念系统，是我们文化体系的核心和灵魂，是我们的信仰。有了我们的理念系统，文化才有了具体的呈现形式和落地途径。

法治，即法的统治，与人治、德治相对。社会生产力的发展并不必然带来社会价值观的提升和规范，甚至在一定程度上会使社会价值观扭曲和异化。践行核心价值观就是在全社会抵制和消除不良价值观对人们的影响，而法治为抵制和消除不良价值观提供了可预期的目标。一方面，将法治列入核心价值观内容，这就使得法治不再仅仅是司法、执法领域的范畴，也不再仅仅是政治领域中的治国理政的手段和方式，而是拓展到了个人和社会层面的价值追求。另一方面，核心价值观被人民群众认同的过程，也是社会通过对个人施加影响，引导社会成员接受、认可和认同的过程。法治社会是富强民主、文明和谐的社会，人们文明有礼、安居乐业、遵纪守法、依法办事、依规行事。法治社会是自由平等、爱国敬业的社会，人们能够自由、有尊严地生活。法治社会是公平正义、诚信友善的社会。法治确立了社会生活的基本规则、规定了人们行为的底线，确定了权力行使的边界，明晰了义务权利范围。

公民个人层面

第九是爱国。爱国，从现实角度来说我是狭隘一点，所以没法理解世界杯上没有中国队为什么还有那么多球迷如此狂热。从历史角度来说，中华民族有着深厚的爱国传统，从陆游的“位卑未敢忘忧国”到顾炎武的“天下兴亡，匹夫有责”，从文天祥的“人生自古谁无死，留取丹心照汗青”到鲁迅的“寄意寒星荃不察，我以我血荐轩辕”，都是强烈爱国情怀的体现。几千年以来，中华民族历史上涌现的无数民族英雄和爱国仁人志士，在乱世时期抵抗外来侵略、反抗专制统治、保护百姓生存和建设神州家园的社会活动中，表现出来的矢志不移、奋不顾身、尽心尽力、无怨无悔的大无畏的民族英雄主义气概，正是爱国主义坚强意志的真实写照。

今天我们生活在和平时期，不再讲救国，但是爱国与我前面讲到的富强、民主、文明、和谐都是相联系的，是民族信仰中非常重要的部分。结合我们企业自身来说，我一直觉得中粮代表了我们民族企业，无论是民企还是国企，其实都该将其看作一个民族企业。任何一个国家如果全都是外资企业主导，那肯定会有问题，一个国家一定是要由民族企业来代表，民族企业最终也是代表国家的。从这个角度来说，爱国就是要把企业做好，发展好民族产业，不能搞成全是外资，因为国有企业是国民财富的积累。从 19 世纪六七十年代到新中国成立初期，中国一直致力发展民族工业，就是希望通过民族工业来振兴民族走上富强之路。十八届三中全会提出积极发展混合所有制经济，推动国有企业完善现代企业制度，支持非公有制经济健康发展，也是希望通过提高国有资本的流动性，更好发挥国有资本的带动作用，在若干支柱产业和高新技术产业打造既优且强的民族企业。

对于我们普通公民而言，爱国行为有很多具体的表现形式，最为重要的就是要把爱国热情转化为坚守岗位的动力，做好本职工作，在自己的岗位上踏实勤恳地为社会创造价值。这才是最好的爱国方式，这才是一个崛起中的民族应有的理性与智慧。

第十和十一是敬业和诚信。这两个词放在一起讲，是因为这两个词与中粮向来提倡的理念是一致的，但是我今天不从企业层面来讲，而是从整个社会的核心价值观层面来讲。

人为什么要敬业，要诚信？人要生存就必须得好好工作，否则没有收入，否则生意成不了，所以必须得勤奋和努力；诚信也是一样，一开始不诚信能占小便宜，后来发现不诚信企业不能发展，这都是利益驱动。而我今天要讲的是价值观的驱动，敬业、诚信对我们来讲有着至关重要的意义。作为价值要求，敬业不仅仅是一种工作伦理或职业道德，更是一种人生价值观和人生哲学观。国家的发展与社会的进步离不开敬业，把敬业作为社会主义核心价值观的基本要素加以倡导，也有充分而深刻的实践依据，这就是中国特色社会主义的伟大实践，就是实现中华民族伟大复兴的“中国梦”。在当今中国，实现中华民族的伟大复兴，已经成为13亿中国人最伟大的梦想，这个梦想的实质就是国家富强、民族振兴、人民幸福。梦想总归要变成现实，从梦想到现实的转变必然是一个艰苦卓绝的过程，需要艰苦奋斗，需要勤奋敬业，需要拼搏奉献。

中粮集团发展到今天，从一个贸易公司发展成了实业公司，又从实业公司转变成多元化的公司，从多元化的公司跃升为国际化的公司，成为聚焦主业的公司和具备国际竞争力的公司，与我们一直倡导的敬业、诚信精神分不开。近期我们经历了专项巡视和审计，更是深刻体会到两点：一是我们要不断审视反思自身，发现一些自身的问题，因为我们也是常人，也会犯一些错误，有做得不完善的地方，我们会努力整改直到做到最好；二是经历过巡视和审计以后，一定是会进一步规范我们的个人行为和组织行为，让我们站在一个更高的境界去信守诚信，推动企业进步。

第十二是友善。社会发展所带来的变化和问题势必导致社会心态的波动。改革开放以来，我国经济发展取得了令人瞩目的成就，但由于我国经济结构及各项制度尚在调整和完善之中，加之人们在天赋、能力、受教育程度等方面的差别，客观上造成了我国社会群体的分化。人们生活压力大，竞争激烈，变得不友善了，互相之间有冒犯，有争斗，负面情绪不断发酵，人们的心态在某些领域出现了失衡的现象。友善代表了社会文明发展到一定程度的成熟状态，友善的社会才可能是富强、文明、和谐的社会，它是互相联系的。友善的培育和践行，对于国家建设、社会建设、家庭建设都极端重要。

中粮人一直都很友善，把人当成好人，把人当成乐于合作的人，把人当成积极正面的人，把人当成朋友，而不是怀揣斗争意识，心怀恶意。树立友善价值观，从个人层面来讲，能够帮助人们以阳光心态看待其他公民，从积极的角度肯定他人、尊重他人。在群体层面，友善价值观能够让人们在群体之间传递友爱的信息，并且在实质上予以相互帮助。如果人人都把友善作为彼此联系的纽带，那么社会就会多一分和谐，国家就会多一分向上的合力。

要在中粮积极培育和践行社会主义核心价值观

社会主义核心价值观尽管在媒体上不断重复宣传，却似乎没有得到更多人应有的关注。今天借党课这个机会，我希望中粮的党员同志认真学习，深刻领会社会主义核心价值观的内涵和意义，因为它不是一个简单的社会要求，它是写进党章里面的。习近平总书记对培育和践行社会主义核心价值观高度重视，多次提出了非常具体的要求：今年“五四”与北大师生座谈时，强调青年的价值取向决定未来整个社会的价值取向，要求广大青年要自觉践行社会主义核心价值观，在勤学、修德、明辨、笃实上下功夫；在“两院”院士大会上，希望广大院士以身作则、严格自律，在攻坚克难、崇德向善中做到学为人师、行为世范，带动科技界乃至全社会践行社会主义核心价值观。

要在中粮积极培育和践行社会主义核心价值观，我想提三点建议。第一是希望大家准确认知。要把 12 个词记诵下来，认真领悟，不仅要知其然还要知其所以然，从国家、社会、个人层面去深层次了解，挖掘 12 个词蕴藏的本质内涵和外延，做到心知肚明、胸有成竹。第二是希望大家在认知的基础上真正认同，内化为自身的价值观、人生观，内化得越彻底，核心价值观就会树立得越牢固。第三是要在认同的基础上努力转化为行为规范，将无形转化为有形，指导我们自身的言行举止，指导我们的工作与生活。

我们今年新发布了忠良文化，忠良文化的主要理念和相关要求是社会主义核心价值观，特别是公民层面的四个要素在中粮现阶段的具体体现。“忠于国计、良于民生”的中粮精神彰显了中粮人强烈的爱国之心；“高境界做人、专业化做事”的中粮品格表达了我们对敬业的追求；“重诚信”是中粮的三大核心价值观之一，诚信也是每一个中粮人最基本的道德要求和职业操守；友善体现在“人在上”的核心价值观中，体现在对人对事公正、公平、公开，以及阳光透明、坦诚沟通、出以公心、与人为善的人际关系之中。践行社会主义核心价值观与忠良文化的落地是一脉相承、密不可分的。忠良文化体系是中粮人对自身文化的理性归纳，真正的文化习惯的形成和内化成自发自觉的行为还任重道远，我们还要进一步强化经理人的示范与引领作用，选树和学习忠良榜样，加强文化管理，健全保障措施。

最后，让我们再次对今天获得表彰的先进集体和个人表示热烈的祝贺。希望通过今天的表彰，不断激发我们广大中粮人脚踏实地做实事，扎扎实实干工作，发挥党员的先进模范作用，做出榜样，做出成效，为开启中粮新时代贡献我们的力量！

（2014 年 7 月）

从中粮集团本身来说，最有效的管理工具，就是“选人干一把手”，这是其他任何辅助性工具都代替不了的事。

一把手

社会上目前所有的教育，缺少教人怎么从二把手转为一把手，以及上任后应该如何着手的方法与经验。而最难的就是这一关。

在国企，往往是从二把手提为一把手，这是我们的一个习惯。但国外的管理理念则不同。通用电气从来没有人从二把手做到一把手，因为二把手与一把手的素质是不一样的，他们是从其他地方去招募。

从二把手提拔为一把手也有其好处。新上任的一把手对自己的队伍很熟悉，没有空白期，可能只是存在一个角色转变的问题。二把手接一把手，或者从班子里产生接班人，是团队的一个优点，这表示团队非常稳定，文化比较和谐，最重要的是没有带来很多问题。

做一把手，先不说业绩、职务，从长远来说，对大家的人生、对事物的认识都会有提升。

记得在华润开会要宣布我做总经理的那天，我突然意识到华润大厦的电梯不好。过去有管物业的副总，有专门的公司，跟我没有关系，而那天会上我说华润大厦的电梯跟我有关系。这是非常大的转变。

一把手应当具备的基本素质

作为一把手应有以下素质。

第一，一把手自身行为方式带来一种文化象征和追求。一把手会带来一种文化。首先是公正，以德为先。一个做事出于公心，以企业共同利益为出发点的经理人，素质不会太差。再说文化氛围。在中粮集团大的文化氛围之下，每个公司都有小的文化氛围。每个经理人要善于反思自己，理性化地自我管理，因为这个文化氛围由你们来形成，是你们本身文化、价值观使然，最终组织的文化会深受你们的影响。

第二，一把手一定要带来战略。中粮集团的特点是业务单元的战略相当程度上是由总经理驱动的。中粮集团作为投资公司，只做一些大的方向性的战略。一旦你的部门里形成一种战略驱动力及对业务敏锐的反应和调整，你的公司发展就不一样了。因此，成为一个带有战略思维的经理人是非常难的一件事。有人说，学习可以使人改变，可以使经理人从一个传统的、惯性的人变成一个理性的、思考的、可以去创造的人，非常对。

第三，一把手要打造和谐的团队。中粮集团作为一家国有企业，团队相对比较协调，团队团结、友善、和谐说得比较多，对团队素质的调整和建设说得比较少。如果在团队建设上你不做一个决策者，就会感觉非常累，因为与团队所处时间越长，团队建设越难。从这方面来说，一是要带好队伍，二是要管理好团队，要从文化、战略、能力、人力、组织结构等方面考虑团队的建设。因为公司的业绩和运营效率由你负责，要抓成本，抓发展，抓时间，抓质量，但最终还是要抓业绩并承担责任。对团队的问题要严格指出，要能调整人员，同时，自己还要能承担责任，这些非常困难，需要不断探索和尝试，这是一个平衡的问题。

对一把手的四点要求

成为一把手，对人的一生是非常重要的一个阶段，当然也面临一些挑战，我觉得是很好的个人提升的机会。

对一把手有以下四点要求。

第一，一把手是专业的、懂业务的。一把手不仅要有领导力，把团队带好，还要有很强的力量去建立一个团队。

第二，一把手是肯学习的。所谓学习就是这个人要勇于接受新事物，不断探索，不断提升。

第三，系统思考能力。一把手对问题要有全面系统的解决方案。项目怎么融资，怎么审批，团队如何建设，作为一把手都要负责。

第四，尊重人。尊重人就是把团队的每一个人都当成很能干的一员，以此为起点来尊重人，然后用人、评价人，最后是换人。

一个人职务转变了，他要如何来适应新角色，就要把他放在特定人群、特定环境、特定关键的时段里。我刚来中粮一两个月时，渣打银行董事长回英国，来北京见了一面，他说你现在有什么感觉？你现在就要去做决策。我问为什么，他说六个月以后再做决定，就会受到你自身所犯的错误的影响。你自己已经不独立，一个你决定的投资，很难再去纠正。这是认识自己最清楚的一个阶段，这点非常重要。

作为职务来讲，由低到高，职务低的人，更多做比较具体、事务性的工作；而职务最高的人，更多做文化建设、团队建设、战略性分析、运营分析方面的事情，这就是个平衡的过程。

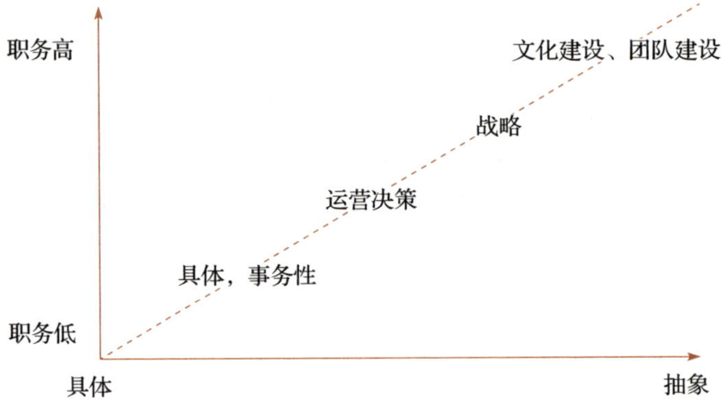

（2015年4月）

领导力就是带领组织达成目标的能力。带领有多种方法，可以是设计式、策划式，也可以是愿景激情式，还可以是参与式。

领导力

什么是领导力

领导力就是带领组织达成目标的能力。带领有多种方法，可以是设计式、策划式，也可以是愿景激情式，还可以是参与式。企业组织的管理方式不同于政府组织、学校组织、医院组织、慈善组织，它要有很强的目标性。目标就是理想、愿景、战略等，目标的对错至关重要。

领导力的来源是什么？不是因为你是领导，就有领导力；不是因为上级任命，就有领导力；不是你能发号施令，就有领导力；也不是你有职务，就有领导力。我们要把自己放在一个平等的、拥有共同目标的团队中去。每个组织都有一些不一样的特点，企业就像一个学校，因为我们每一次谈领导力，谈到战略，都要用到理论，我们似乎变成了 MBA 课堂。但不同的是，我们这所大学要即刻出结果，即刻就可以检验成败，这就变成企业这种学习型组织最基本的一个状态。团队自身每一个人都需要被尊重，需要被倾听，而且他自己也需要表现出来，尤其在国有企业，要使团队每个人在内部有发展。这就要运用 X-Y 理论，让团队每位成员都变得对公司忠诚，给公司团队也带来新的竞争力。这就是领导力。

什么是领导力素质

我们去考察一个人，看他表现得好不好，要不要被提拔，被新任命，这个人的创新能力、学习能力、团队培养能力、决策能力、部门业绩、公正性、廉洁性、勤奋性，都是考察的标准。有些人不喜欢和陌生人一起工作，喜欢用“熟人”，慢慢就会变成以个人为中心的工作环境，这时用人政策就会出现问题，就可能会错失真正需要的人。当然工作伙伴也要“道相同”，目标一致，但这是一个技术问题。

六个维度模型，即用动力和能力去分析三个层级的方法，在做领导力模型时，特别是去培养、考察、评价一个经理人时，可以将这个模型作为一个基本评价方法。一个领导人有没有非常强的动力（态度）素质，他本身是不是一个充满激情的人，是否敬业、坦诚、自律、包容、公正；同时是否有专业、眼界、决断、创新等能力素质，这两个方面要结合起来去评价。

还有一种结果式模型。假设一家公司在同一个起点上，让五个经理去运作，五年以后公司情况会是什么样？第一种，公司挺稳定的，但是没有什么发展；第二种，战术改进型，小修小改；第三种，无战略指引的扩张；第四种，战略型，且不谈做得好不好，但有战略；第五种，可持续的战略型，具有有愿景的、有战略性的、有团队的、有组织的、可持续的发展。第五种经理才是一个具有领导力素质、适合带团队去发展的人。

领导者应该怎么做

在领导者的任务里面，一定要有使命、愿景、价值观，一定要有精神因素来说明你想要什么。我们的组织要有使命感，这个使命感是从个人开始的，也必须是组织达到的。只有组织完成这个使命，个人才能得到你所谓的追求。使命感一开始可能比较原始，但随着精神世界的逐步升华，就像马斯洛理论一样，最终会追求成为一个受尊重、有发展、超出一般物质的目标。伟大公司的发展都是在使命中不断提升、不断演变进化出来的。

团队领导力及团队建设

所谓团队，就是由一个班长，五六个、七八个副手所组成的，这是很典型的架构。这个团队里面，事情做得不好，第一责任人一定是这个班长。团队建设，就是要把团队成员的能力变成综合性的，而且是全面协作的能力。团队里面一般不太排斥很勤奋、很团结、很忠诚的人。虽然有可能这个人能力差一点，带来一些问题，但团队里面往往不太排斥这种人。组织里会排斥那些思路、道德或者是信仰不一致的人。应该说思维方式比能力更重要，道德品质也很重要，以德为先，这是团队自身建设的一个手段。我们可能改变不了每个人的性格，但在一起组成团队，团队的性格是可以塑造出来的。因为团队是一个产品，是一个个人组成的产品，是可以塑造出来的。我们必须在团队里建立充分的使命、愿景、目标、战略、布局的能力，组织架构、运营模式、商业模式、资源整合的能力。

领导者是影响力最大的释放者，不管你多谦虚，你应该是提出最多改善、改进、创新主意的人，虽然不一定成功，但你可以去论证。你应是最公正的选择者，在对人、对事时，你有任何的不公正，任何的私利，都会造成团队的失败。你必须知道你是团队的最后责任者，建立团队、培养团队、制订目标、推动目标，包括评价与考核、未来发展，所有这些事情就是靠你。

领导力代替不了战略上的成功

仅仅有使命感、价值观，仅仅有所谓的愿景、有团队的融洽合作是不够的，它只是管理链条中的一个环节罢了。我们不能太去贬低这个链条的作用，但是必须知道这个链条是不能包打一切的。因为所谓的精神因素相对来讲思想性比较强，一旦形成文化，公司就会有很好的氛围、很好的协同，公司的领导力对团队的激发能够充足，这是基础性的。但与此同时，公司根本的、战略性的、转折性的决策必须要对。可能第一个因素能支撑第二个因素，如果第一个因素没做好，第二个因素做好的概率会更小一些。

企业管理的环节里面，有非常多的复杂因素。只有把这么多复杂因素，这么多环，一环一环套起来，而且每环不犯大错，这样的企业才真正是一个比一般企业水平高的伟大企业。

我的五步组合论就是希望把各个环节串起来。

物质与精神的转换

一个对自然科学、对任何事物有充分研究、充分分析、充分认识的人，他往往也会是一个在精神上有着比较崇高追求的人。我们讲“格致”，同时有精神因素和科学因素在里面，就是精神和物质两者的转换。

具体到企业管理，就是使命愿景到战略执行的转换，它们之间存在非常必要的联系。“大学之道，在明明德，在亲民，在止于至善。知止而后有定，定而后能静，静而后能安，安而后能虑，虑而后能得。物有本末，事有终始。知所先后，则近道矣。”这个道理对于我们的企业管理太适用了。你想明德于天下就得先治国。“欲治其国者，先齐其家。”我们可以把“国”替换成公司，齐家，你可以理解为齐你的团队。“欲齐其家者，先修其身；欲修其身者，先正其心；欲正其心者，先诚其意；欲诚其意者，先致其知；致知在格物。”格物就是调查和研究。“物格而后知至，知至而后意诚，意诚而后心正，心正而后身修，身修而后家齐，家齐而后国治，国治而后天下平。”“自天子以至于庶人，壹是皆以修身为本。其本乱而末治者，否矣。其所厚者薄，而其所薄者厚，未之有也。”前面做好了后面却没做好，或者前面没做好后面却做好了，都不太可能。

哥白尼有段话说得非常好，如果真有一种科学能够使人心灵高贵、脱离时间的污秽，这种科学一定是天文学。因为人类果真见到天主管理下的宇宙所有的庄严秩序时，必然会感到一种动力促使人趋向于规范的生活，去实行各种道德，可以从万物中看出来造物主确实是真美善之源。把人的真美善和天体宇宙联系在一起，这种力量使得我们的精神丰富、物质丰富。大自然的秩序在这儿，人就在秩序中生活，精神和物质再次连在一起。天文学就是宗教，地质学就是历史，物理学就是美学，建筑学就是诗歌，生物学就是文学。

（2017 年 3 月）

人的组织是要有精神的，有境界的，有格局的。

给奋斗中的经理人多一点时间

有一天，我听女儿说北京开了一个很有名的餐厅，应该去试一下。去那家餐厅吃饭时，我发现一个非常好玩的现象。那是一个美国人开的餐厅，生意火得不得了。大部分服务员是中国人，只有两个穿白衣服的美国人，有一个个子很高，戴着领带，头发发白，在端盘子。看他这身打扮，我猜他不是一般服务员。

碰巧了，他就真给我端了一个盘子过来，我问了他一句，这个餐厅是什么时候开的？他看我能说两句英语，很高兴。他告诉我说，餐厅开了几天就大获成功，然后开始讲他四十年前怎么开餐厅的，怎么到中国来的，现在在上海开了一家店，在北京也开了一家店。我注意到，这两个美国人一直在端盘子、擦桌子，在回答我问题的时候，他很快就蹲下来跟我讲话，讲了很久。

我当时就想，对于这个餐厅的中国服务员来说，来了一个美国大老板，每天和你一起端盘子、一起服务客人，而且见了顾客以后，老板可以蹲下来给顾客讲解，这不就是人力资源管理吗？

第一，他把自己的定位定得很清楚。第二，员工也很清楚自己该做什么。第三，对顾客来讲，我从中可以看出这个餐厅的管理方法，可以想象他们怎么做服务，怎么做质量，怎么做员工管理。

所谓人力资源管理、公司文化就是一把手的文化，就看一把手怎么带动。作为一个小老板，能够把客户、员工、自身的定位理得这么顺很难得。他跟我说，开餐厅最关键的是食材，他强调了好几遍食材都是进口的，芝士、土豆、玉米、鱼都是进口的。这个“老外”来中国只有三个月的时间，但他对进口食品很敏感，他知道该向顾客推广什么东西。

谈人力资源组织管理，我把自己的一些观察和大家分享。

第一，我再次强调，人的组织是要有精神的，有境界的，有格局的。任何组织都是这样，餐馆也是一样，要有精神才能持久。精神因素确实是由领导人的格局、境界带来的。

第二，所有的组织结构都是柔性的，非正式组织一定要形成。不要组织结构画完了，定了总部几个部门、谁管谁、怎么汇报，就结束了。一定要形成自身柔性的组织，这个柔性组织本身就是目标，因为它与文化紧密联系。柔性组织能够产生灵活性和效率，越官僚越是直角，越起不到作用。

第三，好的经理人是选出来的，不是培养出来的。我越来越发现，培养技能、技巧是可以的，真正从思想品德到革命干劲，到能力、领导力、创新性，持续不断的进步，70% 以上都是天生的。你的责任就是把这些人选出来，而不是培养出这些人。

第四，要创新就要改变整个组织。想在局部做创新几乎是不可能的，局部创新非常难，产品创新也很难，要创新就得改变整个组织、整个流程、整个文化。好多人一说到要创新，那就创新部去开会，一说到要搞研发，那就研发部去开会，最后什么都做不来。

第五，人才内部培养应该是主战略，所谓内部培养就是内部提拔。有几次外部的人进来，内部的人出去，都给公司带来很大的震动。内部培养还应该是公司的主要途径。

第六，公司的制度是人创造出来的，制度是拿来服务人的，而最终制度反过来改造了人，使得人遵循了这个制度以后，这个制度不断产生了制度人，这就变成一个恶性循环。怎么用优秀的人不断改变制度，这是人力资源管理的核心要素。

最后，请给奋斗中的经理人多一点时间。我们往往太急，感觉现在的经理人不太好就换掉，再来一个人，又做两年，还是不满意，又换掉了。其实新换的这个人，他做的两年跟之前的经理人做的是一样的，也没有多大进步。所以，给奋斗中的经理人一点包容，一点时间，让他们去表现。

（2018 年 4 月）

"局"代表了多种元素的系统性组合。创新也是"局"的概念，它必须是对整个公司从文化、信仰开始转变，才能把这个局面改过来。

"局"和组织

关于"局"

中国有几个字非常有意思，代表了非常多的含义，多到可以解释很多事情。比如"度"，它是所有矛盾的整合、所有争论的开始，但是英文里"Degree"这个词就不能很准确地阐释中国的"度"；再比如"正"，正义、正向、正直，有非常多的含义；"心"的英文"Heart"，也不能涵盖中文说的心理、心灵、心态。为什么一本英文书翻译成中文会短了许多，因为中国字非常深刻。

今天说说"局"这个字。"局"的概念可以用到很多地方，这个世界就是由不同变量、不同因素组合成大大小小不同的"局"，每个人都在制造各种因素组合的局面。例如创业，不管你是做一个什么样的公司，如果大家对你这个品牌、产品有了信任，形成客户基础，甚至形成客户忠诚，实际上这背后是大量的因素形成了一个"局"。

中国人用"局"字描绘了很多事情，比如中国人讲棋局、饭局、布局、格局、骗局、全局、开局、做局、结局、破局、僵局、时局、赌局、战局、危局、变局、胜局、败局，什么都有。中国人把很多事情都放在"局"里看，这就是中国传统智慧的唯物辩证法，把

“局”变成了一种系统性的思考，而不是只看表面现象和冰山一角。

“局”代表了多种元素的系统性组合。现在每个企业都在讲创新，如果你把创新行为只当作要搞一个新产品、搞一个研发、增加一下研发投入，你是做不来的。因为创新也是“局”的概念，它必须是对整个公司从文化、信仰开始转变，才能把这个局面改过来。所以讲创新，就是讲从根本上改变一个企业。在老企业、新企业都有这个问题，真正转变一个战略，绝对不是说我们投资某一项业务就把战略转变了，这一定是会留下隐患的。

关于调动资源的问题，各种资源集中到一起能不能最后形成一个局面？你要对局势有一定的判断。做任何一个企业都是做一个“局”，一定有精神的、物质的元素在里面。我们带领一个企业往前走，最终企业展现的是这样一个局面：它由多元素组合集中起来，大过单一元素分散或简单组合。“局”不是一个负面的词汇，因为有它你才能有更多的号召力，才能调动更多的资源。

关于组织和人

第一，一个组织，首先要尊重物质，但也必须塑造精神。

组织的塑造必须有精神在里面。所谓精神，不是虚无缥缈的东西，使命、目标、战略、执行、评价是和你的收入联系在一起的，最后评价的时候，看有没有实现你的物质和精神目标。如果没有，又开始了新的循环。人生就是不断追索、探索、循环，这样才能达到精神和物质的平衡。而真正有思想、有战略、有信仰、有精神的企业也才会走得远。

第二，要尊重人性和个体，也要塑造组织性。

人的天性就是爱自由，不希望别人来管。中国人相对来说组织性强一点，这从秩序来讲是好事情，但从创新来讲不一定。在企业里，首先要认为你的每一个员工，一定是一个很“美丽”的人。所谓“美丽”，就是认为他一定是从品德到动机、能力上都是好的人。好人是在好的环境中成长起来的，不公平的环境里出不了多少好的人，因为人是有自我反应的，人心是对换的，你对我好，我对你好，这是一个基本规律。所以尊重人性、尊重个体，这是最基本的。

在尊重个体的同时，也要塑造组织性。“江山易改，本性难移”，人是很难改变的，但是组织性是可以改造的，组织的文化是可以塑造的，这让每个人保留了自身的独立性和主观能动性，同时也能适应组织性，认同组织的统一目标，也有服从性，也有纪律性。

尊重个性，也要塑造组织性，在企业管理里这两个要做到平衡。

第三，要尊重教育和培训，也要提高选拔管理者的能力。

每个企业里都有大量对员工的培养教育活动。我曾讲过一个关于后天和先天的问题，要把一个人培养成领导者，实际是很难的，有天分的人才能成为一个组织的领导者。有的人可能培养不成领导者，但他照样是很有能力、很好的人，可以给组织做出很大贡献，但你不能把他用错地方。如果他的天分是一个技术人员，或者是一个喜欢自由创造的人，你让这个人当科学家可以，当校长问题就来了。所以在企业里，经理人应该是选出来的，你必须很好地去度量、选拔、评价，而不是强行培养。

这就是所谓尊重天性，不管大企业、小企业，都要尊重人天生的能力。一个人自身会有很多素质让他适合某一类职务，选择他会比教育他更重要、更有利。

第四，要给企业管理者更长时间。

企业都有生命周期，两年三年，五年十年，业绩有月报、季报、年报，业绩不好就换人，这是一般的思维。有哪个企业因为很快换了 CEO 而获得成功的？不多。有哪个企业不频繁换人却能获得成功？比如马士基航运公司，它是世界上最好的船公司，之前的掌门人 90 多岁去世。他生前为公司服务了 40 多年，去世那天我刚好在丹麦，整个国家就像出了大事一样，很多人来悼念他。这样的例子还有很多。

我的感觉，在企业里换一个中层的人，前后就要浪费四年时间。刚任命一个人，你不能第一年就换他。过了一年发现这个人不太行，已经第二年了，不能马上换，要找人，找到之后第三年换掉。新来的人又要学习、熟悉一年。这四年下来，企业没有很大进步，可竞争对手已经走了很远。所以选人很关键，选是第一位的，如果选的过程当中下的力气比较大，他就会是一颗好的种子，这样你给他更多时间去发挥就会好很多。

经理人有很多种。第一类是职务型的经理人，因为有了任命，所以就是领导。领导力来自授权，所以就变成一个领导。这类人往往连看摊都看不住，看摊业务都会往下滑。

第二类是规则型、纪律型的经理人。他遵守规则纪律，但没有真正的创造性，也没有真正的团队性。这类人能守住摊，但是创造性不强，这样的人放在大企业里可能不错。

第三类是有目标、有改进的经理人。他会不断把一个老工厂变成新工厂，不断改善企业的效率、运营系统、营销系统，也不错。

但前面这些人在企业里不能叫创业者，企业真正希望得到的管理者，是有创造性、有战略眼光、有目标、带团队、有文化塑造力、有人格感染力，同时也有营造健康组织能力的人。

“局”和组织，这两个因素加在一起就综合成一个所谓的领导者。“领导力”是什么？就是真正能够审时度势，带好团队、带好组织、发挥每个人积极性，能够设定一个目标，并激发大家去达到这个目标。这对领导者有很高的要求。

有一个词叫“均好性”，现在找一个人也没那么难，但是一定要均好，就是这个人各方面都比较好。比如，这个人融资财务能力特别强，这个人是一个非常好的会计，那么他是不是领导？他是很好的销售员，他是不是领导？他是很好的律师，是不是领导？他是很好的工程师，是不是领导？他什么都不会，能不能当领导？这些都是新的问题。

（2018 年 5 月）

国家是企业的国家，城市是企业的城市，如果企业不强，国家也不会强大。要想国家变得强大，企业就必须变得更强大，企业是真正创造的主体。

只有一条路

500亿+2000亿+2000亿，从关税、到知识产权保护、到中国制造2025……美国变本加厉、步步急逼，这也是中国在经贸问题上面临的史无前例的挑战。很多企业忧心起来，我们不是商务部，我们不是财政部，我们也不参加谈判，作为企业家，我们该怎么办？

所有的贸易摩擦，它最终真正的解决，还是要落实到经济活动中去，最终靠的还是企业。政府只不过是把规则变了，把企业竞争的战场环境变了。如果今天真的被征税25%，企业也没有别的办法，只能靠企业自身的管理、经营方式和创新方面的努力，去对付这25%的税。

我是相信中国企业的，如果真被征收25%的税，中国人也一定会找到办法把成本降下来，再过几年还会强起来。因为中国有企业家精神，中国的企业家精神和外国人是不一样的，中国的企业家精神根植于中国文化，中国人对财富、对生活、对家庭的重视是与生俱来的，这是一个民族基因里带来的东西。

实际上，中国企业面临的竞争从来就没有停止过，不管今天有没有贸易关系的改变，中国企业家都要去面对这个事情。如果企业自身不能进步，就算关税降了也没用。中国的企业得益于WTO，但并不是说没有WTO就起不来，中国企业也一定会找到它自己的办法，去解决它面对的市场经济问题。

所以从某种层面上讲，国家是企业的国家，城市是企业的城市，如果企业不强，国家也不会强大。要想国家变得强大，企业就必须变得更强大，企业是真正创造的主体。

既然企业的创造性，企业家的创造性如此重要，为什么企业家还不能受到足够的认可与尊重？郑永年教授的一句话也许可以说明问题：我们真正原创性的，尤其是真正技术原创性的东西太少。

体制创新也好、商业模式创新也好、应用创新也好，这些我们都可以做。但是真正的探索物质世界的技术创新有没有？那些立足长远的、在短期内不计较收益的创新有没有？我们必须得承认，现在更多的是短线的创新，大家都觉得挣钱越多、越快、越好。

当然，这个问题与我们所处的发展阶段不无关系。发展初期，肚子没吃饱，还很饿，自然是抓了饭就吃，吃饱之后就会拼命想、拼命琢磨接下来怎么做。

我到中化之后去美国参观过一个大企业，参观回来后我说，以后可以不来了。为什么？几乎不让进门，那家企业占地几平方千米，但他们基本上就在大堂里接待一下，搞几张图给你看看，招待你喝几杯咖啡就给你送走了。从这里你可以看到，他们对创造性东西的保护欲有多强。所以中国的任何一个进步都是被逼出来的，面对今天这样一个大环境，如果你自己不去创造，那么未来你就没有任何可以竞争的活路和余地。

今天我们面临的环境，再次给了中国人一个创造的机会。

我有一个预期，未来 10 年，中国大的技术进步将涵盖几乎所有领域，这是势不可当的大趋势。中国这架飞机已经飞起来了，越飞越高。

（2018 年 6 月）

企业家组织了资源，企业家的世界眼光，以及充满幻想的热情，把一切不可能变为可能。

致敬企业家精神

记得在十年前有一次我问董明珠，现在在搞什么？她说在搞研发，每年投入三十亿进行研发。在当时，三十亿研发是很多的了。在她身上有一种永不熄灭的激情，企业家精神首先就是永远有激情、永远有自信、永远乐观，不管别人怎么去评论。中国企业家里有很多这样类似的代表，我们应该向这种精神致敬。

我觉得企业家到什么地方都应该对自己的企业、自己的产品充满了热情、热爱和信仰，不断地去推广。首先要自己信了，再说服别人去信，当然产品也确实是好的，我觉得这点也非常代表企业家精神。

董明珠不是销售员，她是董事长。有一些董事长羞于卖自己的产品，卖产品都是下面人干的，领导见面都谈宏观经济的事情。最好的企业家应该是最好的销售员，自己卖自己的东西，自己做销售，相信自己是最好的。

企业家组织了资源，企业家的世界眼光，以及充满幻想的热情，把一切不可能变为可能。中国拥有最好的企业家群体，他们拥有创造性，他们可以排除非议做出决定。以波澜壮阔的中国四十年改革开放为例，政府的政策引导发挥了巨大的作用。除了政府之外，每一项工作最终都落到企业身上完成，企业家起到了带动作用。

（2018 年 7 月）

原来善良是智慧的基础，善良使智慧更完善，让智慧披上暖人的光泽。

善与智

以前见客人总琢磨一件事，为什么昨天见到的那个人让人感觉很舒服，交谈很受益，觉得他很值得信赖，而今天见的这个人，虽然学识、阅历、成就都不差，但不知道为什么觉得他好像缺点什么。现在我逐渐搞明白了，这里的差别是善良，原来善良是智慧的基础，善良使智慧更完善，让智慧披上暖人的光泽。

善良不仅仅是人好、老实、厚道。这些可能也是善良，但它们是人之初的善良，是初级的善良，当然这也是很可贵、很可爱的。而饱满的、有底蕴的善良是蒸馏过的，是从磨难中挣扎出来的。

善良的起点是宽广，是见过了，是知道世界上有很多比眼前这点小烦恼更重要的事，是知道小算盘、小技巧没有用，是知道时间会催生新意、事情会变好。所以，善良的人也是乐观的人。

善良的支撑是自信，自信到极大包容，自信到可以用自然散发的精神力量感化人，自信到很愿意为别人改变，自信到目标之大、道路之广可以容纳任何讲道理的人。所以，善良的人习惯善意理解别人，没有无谓的矛盾。善良的根本其实是对人性的深刻洞察和尊重，是同理心、同情心，以心比心、以心交心。善良是对其他善良的激发，是期待同样的回报。善良是充满了爱意，以他人和集体利益为先。善良有时被不解者视为软弱，其实善良如水，最有持久之力量。

说善良是智慧的起点，因为智慧的根基必须是正的。一个人可以很有天赋、有学识，但善良才是智慧得以产生和增长的土壤。在一个组织中，善良者因为推动组织的大目标才产生正向的智慧，善良者因为沿着尊重人、理解人的路径才会不断产生出更高的效率甚至科学。

哲学上分析事物的两面，天与地，时与空，灵魂与肉体，用对立统一两分法来看世界几乎无坚不摧。用两分法来看人也衍生出很多道理，学识与能力、勇气与方法、自我与忠诚，这些都会被认为是人的特质之两面。现在看来，善良与智慧的关系可能更应该被看到。

（2019 年 7 月）

我们今天说的创新就是技术创新，而且不单单是一个个别的、偶然的、碰运气式的技术创新，而是企业一定要变成一个高通量的创新机器。

创新不怕晚

企业家要有前瞻性、创新性和均好性

问：您认为一个优秀的企业家应该具备哪些精神品质？

宁高宁：企业家有很多的定义，现在大家对“企业家”这个名词有一点误解，大家都认为企业家是一个很有钱的人，或者说这个人很有名，或者说这是一种荣誉。

我觉得企业家本身不是金钱、荣誉、地位和职务的表达，它实际上是表达了这个人做事的方法。“企业家”这个词是从法语翻译过来的，这个词一开始代表的意思是创造、创新和冒险。现在看来，我们从企业本身这么多年的经营来看，对企业家来说，第一要有前瞻性。我觉得 Vision（视野）最重要，企业家必须比一般的经济学家、学者要更敏锐地观察到社会经济的变化。第二是创新性，创新创造，做不一样的事情。国有企业里面有没有企业家？国有企业里面有没有创造性？国有企业里面有没有突破性？我觉得国有企业里面应该也有企业家的精神和创造性，否则企业就不能发展，任何企业转型发展都要凭借这种精神。第三企业家要有勇气、有担当、有冒险精神，要不甘失败、要坚持、有团队、能组织资源、有目标。

我觉得企业家本身应该具有均好性的素质，这就是为什么成为企业家会比较难。从目前来看，特别是中国的成熟性企业里，不管是国有企业还是民营企业，都在继续培养鼓励创新，在大公司里进行创业，在成熟企业里开展创新，这样的精神是最重要的。

“创新三角”助力中化“科学至上”

问：中化集团作为一家中央企业是如何进行创新转型的？

宁高宁：中化集团和中国化工集团，一个是老外贸企业，一个是老化工部下属企业。但是今天面对这种国际形势和市场需求的变化，我们面临着必须转型的局面，转型本身已经不是一个要不要做的问题，而是关乎生存的问题，现在有很多中国的企业都面临类似的情况。

在这个过程中，我们也有很多观念上的变化。例如，过去我们认为引进技术是可以的，现在变了；过去我们认为出口是好事，现在也变了；过去我们认为对外投资是好事，现在也变了。各种变化，对企业的经营方式提出了转变的要求。

比如在我们化工行业，精细化工大约有 10 万种产品，中国公司真正能自主生产的不到一半。现在这个问题就成为我们的挑战，过去我们以为可以逐步引进、逐步学习、逐步研发，但今天可能就要下更大功夫自主研发。当然，有很多创新模式，但今天我觉得科学技术的、研发的、原始创新的应该是第一位。我们今天说的创新就是技术创新，而且不单单是一个个别的、偶然的、碰运气式的技术创新，而是企业一定要变成一个高通量的创新机器。

中化集团提出了“科学至上”，没有新技术不投资，没有新产品不投资，不再去做无谓的并购和规模扩大，而是完全以技术创新进步为主要发展标准。对中化集团来说，我们也有很多的历史经验，不管是农业化学、材料化学还是石油化工，任何目前盈利还不错、还有发展潜力的产业，都是因为在历史某个阶段上有技术创新的结果。现在，依靠大宗产品基本上很难生存，因为有太多成本竞争、规模扩大、产能过剩的问题。

当然，创新是一个很难的事情，从企业组织来讲，要想去创新，基本上就是改变这个企业，而不是简单设一个部门、搞一个研究院、做一个转化，这是肯定不行的。要从创新的主体、创新的路径、创新的文化入手，中化集团把这个叫作“创新三角”，必须要改变这个组织，改变评价体系，改变组织结构，改变用人模式，这还需要很长的时间。而且对我们来讲，还要保持企业不断地盈利发展，在这个过程中还要不断地调整改变。

从中化集团自身经验来讲，创新不怕晚。别人都创新好多年了，现在才创新会不会太晚了？我们不怕晚。中化集团在三年的创新转型过程中，已经尝到了很多的甜头，比如我们一个杀螨虫的药品，因为确实有技术突破，无毒、无残留，成本也低，上市一年之内就把市场拿下来一大半，一个小产品一年就盈利几亿元，这就是创新带来的。所以，虽然我们创新转型的时间不长，但得到了很多鼓励，尝到了甜头，我觉得应该继续将我们整个组织转变成一个创新型的组织。

目前中化集团和中国化工集团加在一起，原创和高技术含量产品带来的销售不到30%，需要逐步提高这个比例。化学很有意思，它可以把过去不存在的物质通过合成，创造出新物质，这个新物质在世界上就会起到很好的新作用。所以，中化集团希望沿着“科学至上”的路径，全员、全体、全方位地向着目标去转型，当然，我们也会和国际上大的、好的化工企业对标，希望未来不仅仅是规模，在创新力上也能够达到世界水平。

在新格局下，企业家要主动担当作为

问：面对当前比较复杂的形势，如何发挥企业家精神，带领企业实现更大的发展？

宁高宁：我认为现在的国际形势主要有两个变化：一是全球化遇到的阻碍越来越大；二是以互联网和生物科技为代表的先进科技

广泛应用。这种情况之下，再加上面临新冠疫情，正是考验企业家精神的时候，要有创新、担当、勇气和坚持，还要有国际视野。目前，企业家自身应该秉持企业家精神，把自己的事情做好，这是最主要的。市场是在不断变化的，我们要做好自己企业的战略、做好自己的经营、做好国际化的准备，还要做好国内自主研发创新。做好国内大循环，给中国企业家带来更多的机会。

据我了解，目前的中国企业，不管是国有企业、民营企业还是各类其他企业，在研发创新上下的功夫、投的资本，在过去的两三年之内，与以往相比是大幅度增加的。而且我预计，在未来三年到十年的时间里，中国在很多技术上会有原创性的突破。目前的国际形势确实给中国企业家原先在全球产业链里所扮演的原创性不足的角色敲响了警钟，但我相信我们很快会赶上，这反而给中国企业家和中国企业提供了机会。

（2020 年 9 月）

产业思维、工业思维、技术思维、产品思维，特别是与市场相结合的“战略性好产品”思维，是我们在整合转型中十分需要的。我们的逻辑顺序可能要调整一下，从“战略性好产品”开始来说战略、说其他工作，所谓“知所先后，则近道矣”。

战略性好产品

过去，我们开总部高层会议，讨论具体产品不多，我们喜欢谈规模、谈投资或者谈并购，产品的事好像已经假设定好了，或者认为是小事，觉得应该让管生产或者卖产品的人去谈。这样的思维今天看起来不行了，今天公司的发展和市场的要求到了一个阶段，这个阶段是产品为王、产品制胜，不是规模、不是并购。这个阶段要求公司上下都要十分关注产品，以产品为中心。

公司规模大一点，内部的事就多起来，大家的关注点就会分散，分工一细，各自的目标也就更局部。公司每天忙碌到底为什么？我们所有的辛劳产生更好的产品了吗？市场和客户感受到了吗？如果没有，那我们忙什么？有人说过，没有好产品、没有满意的客户我们什么都不是。总部虽然不直接生产产品，但总部的认识和态度很重要。从总部的战略规划开始，每一层、每一步的努力，所有资源的投入，其目的也是结果，就是要生产出好产品，没有其他目的，也不应该有其他目的的干扰，这样才有市场。任何因为以其他理由和短期目的去牺牲好产品或对好产品的标准妥协，都是不明智的，都会长远地摧残企业。在企业内部，好产品是起点，也是终点。

产品是企业与社会唯一的交接点，它是企业所有内部工作的结果。如学生考试、足球射门，产品要经过市场的检验，最终完成“惊险的一跳”。好产品自己会走路，好产品自己会说话。一个企业经营不好，有人说是因为现金流不好，有人说应收款多，有人说库存多，有人说毛利低，有人说促销力度不够，有人说客户忠诚度不够，还有人说经销商不好，最后究其原因，这些问题大都因为产品不好。

什么是好产品？可能有不同角度的定义。中粮的广告词曾经是“产业链，好产品”，这是针对当时的市场需求状况提出的，说是广告词，其实也是中粮的战略。我当时说过，这句话既是对外（消费者）的承诺，也是对内（中粮）的检验。我今天把当时写的《好产品》一文又找出来看了一下，感觉当时的理解还是很浅的。不同的产品性质和客户群体，对产品的要求是不同的。好产品的定义不应仅局限在产品性能、质量、价廉物美这个范畴，好产品与成本、与价格、与盈利、与营销服务是有机的整体。但在我们心目中，对中国中化的业务而言，今天我们理解的好产品应该是“战略性好产品”。

所谓“战略性好产品”，除了产品的自然属性，要包括更多层面和不同角度的、由产品组合而来的企业战略定位和长远发展的内容。中国中化在推进整合的过程中，从讲企业合并、财务合并、架构调整、业务整合，到今天自然地转向更关注各专业公司的业务发展和产品。过去我们讲战略性转型、战略性投资，今天我们要讲“战略性好产品”。我们的思维和认识就随着公司的发展又往前走了一步。

“战略性好产品”的第一要素是创新型技术。产品是技术的载体。是否有原创技术、升级技术、有专利保护的技术，是本质好产品的首选硬条件。有原创技术本来就不易，再转化为市场认可的好产品则更难，做到了就是根本定义了创新型企业，这是产品与战略的理想结合。综观中外所有杰出企业无不如此，这是我们的向往和努力的目标，也是科学至上。

“战略性好产品”的产品第二个特点是要有量，能对企业经营起到一定程度的战略定位和支撑作用，所以它要处在市场容量较大且有成长性的产品品类上。小而美的产品也是好产品，也应积极发展，但因为产品整体市场规模小，对市场和企业的战略作用小，需要不断积累才可形成战略力量。

产品是属于市场的，市场需求是产品的前提。市场的特点就是竞争，竞争的表现就是份额，有了份额才有领导力，才有发展趋势的主导性，才有对价格的影响力。

“战略性好产品”的第三个特点是应该有较大的市场份额及由此份额而来的经济规模和相对低成本，广泛稳定的客户基础是产品的“护城河”。韦尔奇曾提过进入的行业要做到前三，否则不做，华润也有过类似理念。

“战略性好产品”的第四个特点是，它是一个系统的产物，是企业多种共同要素作用的结果。我们经常说的产业园区、产业链、协同，也包括集团总部的政策等这些规划布局和资源整合的目的，都必须是连贯统一的，都是为了支持、稳定及最优化“战略性好产品”。

即使在同一行业、同一产业链中，链条不同部分的商业模式和价值也是不同的。如石油化工的产业链中，上游的资源性、炼油的大宗商品波动性、大宗中间材料的同质化，都造成产品成本绝大部分是原材料，生产加工的相对附加值较低而交易差价风险管理是主要经营手段，产业链的这一端企业估值也低。石油化工产业链的下游，进入到聚合材料、精细化学品、特种化学品，则技术含量提高、附加值高，产品价格受上游影响相对小，产品差异化加大，这一端的企业估值也高。作为化工企业，我们的“战略性好产品”应该主要在产业链的下游，靠近终端消费者。这也是“战略性好产品”的第五个特点。

“战略性好产品”还有第六个特点，是对产业链和相关产品的带动性。化工产业链可以很长，在同一家企业好像覆盖的产业链越长越好，可以平顺不同环节的价格波动和形成上下游协同的相对低成本。但有时也不尽然，因为产业链的前端与后端几乎是完全不同的商业模式。但由产业链形成的效率和品质，以及由产品组合形成的对特定客群的综合解决方案，已成为化工行业整体竞争优势的关键。这时，处在核心地位的“战略性好产品”就起到带动其他大量相关产品的骨干作用。一个重要的“战略性好产品”可以带动一家企业。不过我们要清楚，所谓“战略性好产品”绝不仅是对自己企业好，更重要的是对客户好，为客户创造了价值。

一家企业的产品理想状态是都是“战略性好产品”，但这不太可能。一家公司的产品可能要分成基础性产品、成长性产品、好产品、“战略性好产品”。写到这里，我突然觉得这种说法怎么这么像波士顿矩阵啊！逻辑差不多，不过介入的角度不一样。我们在实践中会自然产生像波士顿矩阵一样的逻辑，还是很有意思的。这也让我们明白，无论怎样规划企业战略和执行战略，如果其核心目标不是“战略性好产品”，我们就可能成为貌似宏大实则松散的化工企业，成为一家没有内涵和核心能力的化工企业，成为一家没有市场价值和客户价值的化工企业。

（2022 年 5 月 12 日）